KËNAQËSITË RREPKA. EKSPLORIMI I GJITHSHMËRISË SË NJË PERIMEVE TË GJITHSHME

Një aventurë kulinare me rrepka. Zbulimi i shijeve të guximshme dhe 100 recetave krijuese

Enea Hasa

E drejta e autorit Materiali ©202 3

Të gjitha Të drejtat Rezervuar

Nr pjesë e kësaj libër mund të jetë të përdorura ose të transmetuara në ndonjë formë ose nga ndonjë do të thotë pa të e duhura shkruar pëlqimin e _ botues dhe e drejta e autorit pronari, përveç për i shkurtër citate të përdorura në a rishikim. Kjo libër duhet jo të jetë konsiderohen a zëvendësues për mjekësor, ligjore, ose tjera pr e esional këshilla.

TABELA E PËRMBAJTJES

TABELA E PËRMBAJTJES 3
PREZANTIMI 6
MËNGJESI 8
   1. Dolli me rrepkë dhe avokado 9
   2. Bagel djathi me krem rrepkë dhe barishte 11
   3. Omëletë me mustardë me mikrogjelbër dhe rrepkë 13
   4. Tavë për mëngjes me rrepkë dhe vezë 15
   5. Omëletë me rrepkë dhe spinaq 17
   6. Radish Hash Browns 19
   7. Mëngjesi me rrepkë Burrito 21
   8. Frittata me rrepkë dhe djathë dhie 23
   9. Mbështjellja e mëngjesit me rrepkë dhe proshutë 25
   10. Pancakes me rrepkë 27
   11. Vezë të mbushura me mikrogjelbërime me rrepkë 29
   12. Bagel me rrepkë dhe salmon të tymosur 31
   13. Parfait me rrepkë dhe kos 33
   14. Sallatë për mëngjes me rrepkë dhe proshutë 35
   15. Mbështjellja e mëngjesit me rrepkë dhe proshutë 37
   16. me rrepkë , angjinare dhe djathë vilë 39
SNACKS DHE MEZHET 41
   17. Sallatë Wonton me karkaleca 42
   18. Dardhë, rrepkë mikrogjelbëruese dhe kafshim proshute 44
   19. Karkaleca Tempura 46
   20. Sanduiç me sallatë me ton dhe rrepkë 49
   21. Dardhë, rrepkë mikrogjelbëruese dhe kafshim proshute 51
   22. Rrepkë Microgreen & Lime Dip 53
   23. Bizele bore Shoot Daikon Rolls 55
   24. Puffs rrepkë me mikros mustardë 57
   25. Pranvera e luleve ushqimore 59
   26. Bruto pikante dimri 61
SUSHI, CEVICHE DHE KARPAÇIO 63
   27. Karpacio me rrepkë dhe salmon 64
   28. Futomaki 66
   29. Karpacio vegjetariane 69
   30. Ceviçe jugperëndimore 71
   31. Roll sushi me rrepkë dhe avokado 73

32. agrume dhe Tuna Ceviche 75
33. Rrepkë dhe karkaleca Sushi Nigiri 77
34. Roll sushi me rrepkë dhe kastravec 79
35. Rrepkë dhe Scallop Ceviche 81
36. Radish dhe Tuna Sushi Nigiri 83
37. Tuna Carpaccio me rukolë, rrepkë, djegës dhe limon 85
38. Roll sushi me rrepkë dhe perime 87
39. Rrepkë dhe oktapod Ceviche 89

KURS KRYESOR 91
40. Biftek Tacos dhe Salsa 92
41. Qengji në salcë vere dhe mikro gjethe 94
42. Kuinoa dhe tas me mikrogjelbërime me rrepkë 96
43. Taco Truck Tacos 98
44. Havajane Tun i pjekur në skarë me alga deti dhe rrepkë 100
45. Dumplings viçi të ziera në avull 103
46. yuzu me kore me rrepkë 105
47. Pulë yuzu e pjekur me sallat japoneze 107
48. Peshk i zier me avull 109
49. Rizoto japoneze me kërpudha 111
50. Pulë e pjekur me pesto fëstëk 113
51. Pica e freskët e kopshtit 116

SUPPA, MERRJE DHE CILI 118
52. Supë kremoze me rrepkë 119
53. Supë pikante me rrepkë dhe karrota 121
54. Supë me rrepkë dhe patate 123
55. Supë me zarzavate me rrepkë 125
56. Supë me rrepkë të ftohtë 127
57. Supë me rrepkë dhe panxhar 129
58. Supë me rrepkë dhe domate 131
59. Supë me kerri me rrepkë dhe kokos 133
60. Supë me rrepkë dhe spinaq 135
61. Supë me rrepkë dhe kërpudha 137

SALATATË 139
62. Sallatë me patate të ëmbla dhe proshuta të pjekura 140
63. Sallatë me shalqi me mikrozarzavate 142
64. Sallatë me ylber 144
65. me mikrogjelbërime dhe bizele bore 146
66. Sallatë pranverore me mikrogjelbër 148
67. Sallatë me shegë të hidhur 150

68. Sallatë me alga deti dhe zarzavate 152
69. Sallatë me rrepkë dhe kastravec 154
70. Sallatë me alga deti të Pekinit 156
71. Sallatë me filiz luledielli 158
72. Sallatë me asparagus 160
73. Sallatë deti me Spirulina 162
74. Sallatë e ftohtë e dashuruar me salmon 164
75. Sallatë me makarona me ton të kopshtit 166
76. Sallatë Ube me salcë kokosi 168
77. Sallatë me rrepkë dhe feta 170
78. Sallatë me rrepkë dhe misër 172
79. Sallatë me rrepkë dhe qiqra 174
80. Sallatë me rrepkë të pjekur, portokall dhe fasule të bardha 176
81. Sallatë me rrepkë dhe kuinoa 178

ANËT 180

82. Rrepka të pjekura 181
83. Slaw lakër rrepkë 183
84. Rrepka të pjekura me mjaltë 185
85. Rrepka turshi 187
86. Rrepka me hudhër 189
87. Rrepkë dhe Slaw mollë 191
88. Miso rrepka me xham 193
89. Rrepkë Kimchi 195

PIJE 198

90. Smoothie me bizele dhe rrepkë 199
91. Limonadë me rrepkë 201
92. Spicy Radish Bloody Mary 203
93. Mojito me nenexhik me rrepkë 205
94. Smoothie detox xhinxheri me rrepkë 207
95. Smoothie me rrepkë dhe kokrra të kuqe 209
96. Ftohës për kastravec për rrepkë 211
97. Mocktail portokalli rrepkë 213
98. Rrepkë Pineapple Punch 215
99. Rrepkë Grejpfrut Spritzer 217
100. Rrepkë Mocktail Sunrise 219

PËRFUNDIM 221

PREZANTIMI

Mirë se vini në botën e kuzhinës së rrepkës! Në këtë libër gatimi, ju ftojmë të nisni një udhëtim kulinarie që feston shkathtësinë dhe shijet e gjalla të rrepkës. Shpesh neglizhohet si një garniturë e thjeshtë sallate, rrepkat kanë shumë më tepër për të ofruar. Me strukturën e tyre të freskët dhe shijen speci, rrepkat shtojnë një element freskues dhe unik në një shumëllojshmëri pjatash. Ky libër gatimi është udhëzuesi juaj për të zhbllokuar potencialin e plotë të kësaj perime të përulur.

Rrepkat nuk janë vetëm për sallata; ato mund të shndërrohen në pjata të shijshme që shfaqin shijet dhe teksturat e tyre të guximshme. Nga meze të thjeshta por të kënaqshme deri te pjatat kryesore magjepsëse dhe madje edhe ëmbëlsirat e këndshme, rrepkat mund të jenë ylli i shfaqjes. Ky libër gatimi synon t'ju prezantojë me botën e recetave të bazuara në rrepkë që do të befasojnë dhe kënaqin shijet tuaja.

Brenda këtyre faqeve, ju do të zbuloni një thesar të recetave krijuese që shfaqin shkathtësinë e rrepkës. Nga rrepka krokante dhe erëza me rrepkë turshi deri te rrepkat e shijshme të pjekura dhe supat e mbushura me rrepkë, ne kemi kuruar një koleksion që tregon mënyrat e ndryshme në të cilat mund të shijohen rrepkat. Pavarësisht nëse jeni adhurues i këtyre perimeve të gjalla me rrënjë ose jeni kurioz për të eksploruar potencialin e tyre, ky libër gatimi ka diçka për të gjithë.

Por ky libër gatimi është më shumë se thjesht një përmbledhje recetash. Ne do t'ju udhëzojmë nëpër varietetet e ndryshme të rrepkave, do t'ju ofrojmë këshilla për zgjedhjen dhe ruajtjen e tyre dhe do të ndajmë teknikat për përgatitjen e rrepkave në mënyra unike dhe të shijshme. Pavarësisht nëse jeni një kuzhinier me përvojë ose fillestar në kuzhinë, ne do t'ju pajisim me njohuritë dhe frymëzimin për t'i bërë rrepkat yllin e vakteve tuaja.

Pra, nëse jeni duke kërkuar t'i shtoni një shije pjatave tuaja, të eksploroni horizonte të reja kulinarie ose thjesht të vlerësoni bukurinë e kësaj perime të nënvlerësuar, lëreni Radish Delights. Eksplorimi i shkathtësisë së një perimesh të gjallë të jetë udhëzuesi juaj. Bëhuni gati për të nisur një aventurë plot shije dhe për të zbuluar mënyrat e panumërta në të cilat rrepkat mund të lartësojnë krijimet tuaja të kuzhinës.

MËNGJESI

1.Dolli me rrepkë dhe avokado

PËRBËRËSIT:
- 2 feta bukë integrale, të thekura
- 1 avokado e pjekur, e grirë
- 4-6 rrepka, të prera hollë
- Kripë dhe piper për shije

UDHËZIME:
a) Përhapeni avokadon e grirë në mënyrë të barabartë në fetat e bukës së thekur.
b) Sipër i hidhni rrepka të prera në feta.
c) Spërkateni me kripë dhe piper.
d) Shijojeni si një sanduiç me fytyrë të hapur.

2.Bagel djathi me krem rrepkë dhe barishte

PËRBËRËSIT:
- 2 bagels, të prera në feta dhe të thekura
- 4 lugë krem djathi barishtor
- 1/2 filxhan rrepka të prera në feta
- 2 lugë qepë të freskët të grirë
- Kripë dhe piper për shije

UDHËZIME:
a) Përhapeni krem djathin barishtor në mënyrë të barabartë në secilën gjysmë bagel të thekur.
b) Sipër i hidhni rrepka të prera në feta.
c) Sipër spërkatni qiqrat e grirë.
d) I rregullojmë me kripë dhe piper.
e) Shërbejeni me fytyrë të hapur.

3.Omëletë me mustardë me mikrogjelbër dhe rrepkë

PËRBËRËSIT:
- 4 vezë
- 1 lugë majdanoz, i grirë
- vaj ulliri
- 40 gram mikrogjelza mustardë
- 4 rrepka, të prera në feta
- 2 qepë të vogla, të prera në feta
- Pini kripë
- Piper piper

UDHËZIME:
a) Në një tas, rrihni së bashku vezët dhe majdanozin derisa të përfshihen plotësisht; sezonin me kripë dhe piper.
b) Skuqni qepën e pranverës, rrepkat dhe zarzavatet në vaj ulliri.
c) Skuqni omëletën për 3 minuta pasi të keni hedhur përzierjen e vezëve mbi perime.
d) Ktheni omëletën dhe skuqeni për 2 minuta të tjera.

4.Tavë për mëngjes me rrepkë dhe vezë

PËRBËRËSIT:
- 1 filxhan rrepka të prera në feta
- 2 vezë
- 1 luge vaj ulliri
- Kripë dhe piper për shije

UDHËZIME:
a) Ngrohni vajin e ullirit në një tigan mbi nxehtësinë mesatare.
b) Shtoni rrepkat e prera në feta dhe skuqini për 5 minuta derisa të fillojnë të zbuten.
c) Thyejmë vezët në tigan, i rregullojmë me kripë dhe piper dhe i kaurdisim derisa të jenë gati.
d) Shërbejeni të nxehtë.

5. Omëletë me rrepkë dhe spinaq

PËRBËRËSIT:

- 3 vezë
- 1/4 filxhan rrepka të prera në feta
- 1/4 filxhan gjethe spinaqi të freskët
- 1/4 filxhan djathë çedër të grirë
- Kripë dhe piper për shije
- 1 lugë gjelle gjalpë

UDHËZIME:

a) Në një enë rrihni vezët me kripë dhe piper.
b) Shkrini gjalpin në një tigan që nuk ngjit mbi nxehtësinë mesatare.
c) Shtoni rrepkat e prera në feta dhe skuqini për 2 minuta derisa të zbuten pak.
d) Shtoni gjethet e spinaqit dhe ziejini derisa të thahen.
e) Hidhni vezët e tundura sipër perimeve.
f) Sipër spërkatni djathin çedar të grirë.
g) Gatuani derisa të jetë vendosur omëleta.
h) Palosni omëletën në gjysmë dhe shërbejeni të nxehtë.

5.Radish Hash Browns

PËRBËRËSIT:

- 2 gota rrepka të grira
- 1/4 filxhan qepë të prerë në kubikë
- 1/4 filxhan miell për të gjitha përdorimet
- 1 vezë e rrahur
- Kripë dhe piper për shije
- Vaj vegjetal për tiganisje

UDHËZIME:

a) Në një tas, kombinoni rrepkat e grira, qepën e prerë në kubikë, miellin, vezën e rrahur, kripën dhe piperin.
b) Përziejini mirë derisa të gjithë përbërësit të përfshihen në mënyrë të barabartë.
c) Ngrohni vajin vegjetal në një tigan mbi nxehtësinë mesatare.
d) Hidhni lugë nga përzierja e rrepkës në tigan, duke i rrafshuar në peta.
e) Gatuani deri në kafe të artë nga secila anë.
f) Kullojeni në një peshqir letre dhe shërbejeni të nxehtë.

7.Mëngjesi me rrepkë Burrito

PËRBËRËSIT:
- 2 tortilla të mëdha
- 4 vezë të fërguara
- 1/2 filxhan rrepka të prera në feta
- 1/4 filxhan domate të prera në kubikë
- 1/4 filxhan cilantro të freskët të copëtuar
- Kripë dhe piper për shije

UDHËZIME:
a) Ngrohni tortillat në një tigan ose mikrovalë.
b) Vendosni vezë të fërguara, rrepka të prera në feta, domate të prera në kubikë dhe cilantro të copëtuar në qendër të secilës tortilla.
c) I rregullojmë me kripë dhe piper.
d) Palosni anët e tortiljes mbi mbushje dhe rrotullojeni.
e) Shërbejeni të ngrohtë.

8.Frittata me rrepkë dhe djathë dhie

PËRBËRËSIT:

- 6 vezë
- 1/2 filxhan rrepka të prera në feta
- 1/4 filxhan djathë dhie të grimcuar
- 1/4 filxhan kopër të freskët të copëtuar
- Kripë dhe piper për shije
- 1 luge vaj ulliri

UDHËZIME:

a) Ngrohni furrën në 350°F (175°C).
b) Në një enë rrihni vezët me kripë, piper dhe kopër të grirë.
c) Ngrohni vajin e ullirit në një tigan të sigurt për furrë mbi nxehtësinë mesatare.
d) Shtoni rrepkat e prera në feta dhe skuqini për 2 minuta derisa të zbuten pak.
e) Hidhni vezët e tundura në tigan, më pas spërkatni djathin e grimcuar të dhisë sipër.
f) Gatuani në sobë për 3-4 minuta derisa skajet të vendosen.
g) Transferoni tiganin në furrën e nxehur më parë dhe piqni për 10-12 minuta derisa frittata të jetë mpiksur plotësisht.
h) E heqim nga furra, e presim në feta dhe e shërbejmë të ngrohtë.

9.Mbështjellja e mëngjesit me rrepkë dhe proshutë

PËRBËRËSIT:

- 2 tortilla të mëdha
- 4 feta proshutë të gatuar
- 1/2 filxhan rrepka të prera në feta
- 1/4 filxhan marule të grirë
- 2 lugë majonezë
- Kripë dhe piper për shije

UDHËZIME:

a) Ngrohni tortillat në një tigan ose mikrovalë.
b) Përhapeni majonezë në mënyrë të barabartë në çdo tortilla.
c) Vendosni proshutën e gatuar, rrepkat e prera në feta dhe marulen e grirë në njërën anë të secilës tortilla.
d) I rregullojmë me kripë dhe piper.
e) Rrotulloni tortillan, duke e futur në anët për të siguruar mbushjen.
f) Shërbejeni si mbështjellës mëngjesi.

Pancakes me rrepkë

PËRBËRËSIT:
- 1 filxhan rrepka të grira
- 1/4 filxhan miell për të gjitha përdorimet
- 1/4 filxhan qepë jeshile të copëtuara
- 1 vezë e rrahur
- Kripë dhe piper për shije
- Vaj vegjetal për tiganisje

UDHËZIME:

a) Në një tas, kombinoni rrepkat e grira, miellin për të gjitha përdorimet, qepët e njoma të grira, vezën e rrahur, kripën dhe piperin.
b) Përziejini mirë derisa të gjithë përbërësit të përfshihen në mënyrë të barabartë.
c) Ngrohni vajin vegjetal në një tigan mbi nxehtësinë mesatare.
d) Hidhni lugë nga përzierja e rrepkës në tigan, duke i rrafshuar në petulla.
e) Gatuani deri në kafe të artë nga secila anë.
f) Kullojeni në një peshqir letre dhe shërbejeni të nxehtë.

1. Vezë të mbushura me mikrogjelbërime me rrepkë

PËRBËRËSIT:

- 9 vezë
- ¼ filxhan majonezë
- 2 lugë gjelle tofu të butë
- majë kripë
- 2 lugë gjelle mikrogjelbërime rrepkë të copëtuara
- 3 lugë çaji mustardë të përgatitur
- 2 rrepkë të freskët të prerë në feta

UDHËZIME:

a) Ziejini fort vezët për 9-11 minuta, ose derisa të jenë gati.
b) Qëroni vezët dhe i prisni me kujdes në gjysmë.
c) Hiqni qendrat e verdha dhe vendosini në një tas.
d) Përziejini tërësisht përbërësit e mbetur (përveç rrepkave të copëtuara).
e) Kthejeni përmbajtjen tek vezët dhe zbukurojeni me një copë rrepkë të freskët dhe disa degë rrepkë mikrojeshile.

2.Bagel me rrepkë dhe salmon të tymosur

PËRBËRËSIT:
- 2 bagels, të prera në feta dhe të thekura
- 4 ons salmon i tymosur
- 1/4 filxhan rrepka të prera në feta
- 2 lugë krem djathi
- 1 lugë gjelle kopër të freskët të copëtuar
- Kripë dhe piper për shije

UDHËZIME:
a) Përhapeni krem djathin në mënyrë të barabartë në secilën gjysmë bagel të thekur.
b) Sipër hidhini fetat e salmonit të tymosur.
c) Sipër spërkatni rrepka të prera në feta dhe kopër të grirë.
d) I rregullojmë me kripë dhe piper.
e) Shërbejeni me fytyrë të hapur.

3.Parfait me rrepkë dhe kos

PËRBËRËSIT:
- 1 filxhan jogurt i thjeshtë grek
- 1/4 filxhan rrepka të prera në feta
- 1/4 filxhan granola
- 1 lugë mjaltë
- Gjethet e freskëta të nenexhikut për zbukurim

UDHËZIME:
a) Në një gotë ose tas, vendosni kos grek, rrepka të prera në feta dhe granola.
b) Hidhni mjaltë sipër.
c) Dekoroni me gjethe të freskëta nenexhiku.
d) Shërbejeni të ftohur.

4.Sallatë për mëngjes me rrepkë dhe proshutë

PËRBËRËSIT:

- 4 gota zarzavate sallatë të përziera
- 4 feta proshutë të gatuar, të grimcuar
- 1/2 filxhan rrepka të prera në feta
- 1/4 filxhan domate qershi, të përgjysmuara
- 2 lugë vinegrette balsamike

UDHËZIME:

a) Në një tas të madh sallate, kombinoni zarzavate të përziera, proshutën e grirë, rrepka të prera në feta dhe gjysmat e domateve qershi.
b) Hidhni vinegrette balsamike mbi sallatën.
c) Hidheni butësisht për të mbuluar të gjithë përbërësit.
d) Shërbejeni menjëherë.

5.Mbështjellja e mëngjesit me rrepkë dhe proshutë

PËRBËRËSIT:
- 2 tortilla të mëdha
- 4 feta proshutë të gatuar
- 1/2 filxhan rrepka të prera në feta
- 1/4 filxhan gjethe spinaqi bebe
- 2 lugë majonezë
- Kripë dhe piper për shije

UDHËZIME:
a) Ngrohni tortillat në një tigan ose mikrovalë.
b) Përhapeni majonezë në mënyrë të barabartë në çdo tortilla.
c) Vendosni proshutën e gatuar, rrepkat e prera në feta dhe gjethet e spinaqit në njërën anë të secilës tortilla.
d) I rregullojmë me kripë dhe piper.
e) Rrotulloni tortillan, duke e futur në anët për të siguruar mbushjen.
f) Shërbejeni si mbështjellës mëngjesi.

5.me rrepkë , angjinare dhe djathë vilë

PËRBËRËSIT:

- 3 vezë të mëdha
- 1/4 filxhan gjizë
- 1/4 filxhan rrepka të prera në feta
- 1/4 filxhan zemrat e grira angjinare (të konservuara ose të marinuara)
- 2 lugë gjelle barishte të freskëta të copëtuara (të tilla si majdanoz, qiqra ose borzilok)
- Kripë dhe piper për shije
- 1 luge vaj ulliri

UDHËZIME:

a) Në një enë rrihni vezët derisa të rrihen mirë. I rregullojmë me kripë dhe piper.
b) Ngrohni vajin e ullirit në një tigan që nuk ngjit mbi nxehtësinë mesatare.
c) Shtoni rrepkat e prera në feta dhe skuqini për rreth 2-3 minuta derisa të zbuten pak.
d) Shtoni zemrat e grira të angjinares në tigan dhe skuqini për 1-2 minuta të tjera derisa të nxehen.
e) Hidhni vezët e rrahura në tigan, duke u kujdesur që të mbulojnë perimet në mënyrë të barabartë.
f) Lërini vezët të zihen të patrazuara për disa minuta derisa fundi të fillojë të ngurtësohet.
g) Ngrini butësisht skajet e omëletës me një shpatull dhe anoni tiganin që çdo vezë e pazier të rrjedhë në skajet.
h) Hidhni me lugë gjizën në gjysmën e omëletës.
i) Spërkatni barishtet e copëtuara mbi gjizën.
j) Palosni gjysmën tjetër të omëletës mbi anën e gjizës.
k) Vazhdoni gatimin për një minutë tjetër ose derisa omëleta të jetë gatuar në masën e dëshiruar.
l) Rrëshqitni omëletën në një pjatë dhe priteni në gjysmë nëse dëshironi.

SNACKS DHE MEZHET

17.Sallatë Wonton me karkaleca

PËRBËRËSIT:
- 4 gota zarzavate të përziera
- 1/2 filxhan karkaleca të gatuar
- 1/2 filxhan kastravec të prerë në kubikë
- 1/2 filxhan domate qershi të prera në feta
- 1/4 filxhan qepë të kuqe të prerë në kubikë
- 1/4 filxhan rrepkë të prerë në feta
- 8 mbështjellës wonton, të skuqura dhe të copëtuara

VESHJA:
- 3 lugë vaj ulliri
- 2 luge uthull balsamike
- 1 lugë çaji mustardë Dijon
- 1 lugë çaji mjaltë
- Kripë dhe piper për shije

UDHËZIME:
a) Në një tas të madh, kombinoni zarzavate të përziera, karkaleca të ziera, kastravec të prerë në kubikë, domate qershi të prera në feta, qepë të kuqe të prerë në kubikë dhe rrepkë të prerë në feta.
b) Në një tas të vogël, përzieni vajin e ullirit, uthullën balsamike, mustardën Dijon, mjaltin, kripën dhe piperin për të bërë salcën.
c) Hidhni dressing-un mbi sallatë dhe hidheni të kombinohet.
d) Sipër shtoni wontons të skuqura të copëtuara.
e) Shërbejeni menjëherë.

18. Dardhë, rrepkë mikrogjelbëruese dhe kafshim proshute

PËRBËRËSIT:
- 8 ons djathë të butë dhie
- 6 ons proshuto, të prerë në shirita
- Paketa prej 2 ons me mikrogjelbërime rrepkë
- ¼ filxhan lëng limoni të saposhtrydhur
- 2 dardha, të prera në feta

UDHËZIME:
a) Hidhni lëng limoni mbi çdo fetë dardhe.
b) Në gjysmën e fetës së dardhës shpërndani ¼ lugë çaji djathë të butë dhie, më pas alternoni përbërësit me gjysmën tjetër.
c) Përhapeni një tjetër ¼ lugë çaji djathë dhie të butë sipër fetës së sipërme të dardhës, pasuar nga një rrip i palosur me proshuto dhe pak djathë të butë dhie, më pas mikrogjelbërimet e rrepkës.
d) Mblidhni fetat e mbetura të dardhës dhe shërbejini me më shumë mikrogjelbërime rrepkë sipër.

19. Karkaleca Tempura

PËRBËRËSIT:
RRITJA:
- 2 gota miell keku 2 vezë; i rrahur
- 2 gota ujë akull

Salca TEMPURA:
- 1 filxhan salcë soje ½ filxhan Mirin
- gota Ujë
- 1 lugë çaji MSG (opsionale)
- 1 rrepkë japoneze (daikon), e grirë në rende

TEMPURA:
- 1 kile karkaleca të mëdha
- 6 lg. Kërpudha; feta
- feta Patëllxhan; prerë në rripa 6 Shirita selino, 3" të gjatë
- Karotat - të prera në shirita të gjatë 3".
- feta Kungull i ëmbël - prerë në shirita 3" të gjatë
- Vaj për skuqje të thellë Miell për të gjitha përdorimet

UDHËZIME:
a) Përzieni miellin e kekut me vezët dhe ujin e akullit derisa brumi të bëhet pak me gunga. Qetë. Për të bërë salcën, kombinoni salcën e sojës, mirin, ujin dhe MSG në një tenxhere dhe lëreni të ziejë.

b) Vendosni një sasi të vogël salce në tigane të vogla me 1 lugë çaji rrepkë të grirë mbi secilën. Le menjane.

c) Përgatitni karkaleca tempura, guaskë dhe devein, duke e lënë bishtin të paprekur. Rrafshoni pak me një thikë të fortë ose me anën e sheshtë të një thike të rëndë, në mënyrë që karkalecat të mos përkulen gjatë gatimit.

d) Rregulloni në mënyrë tërheqëse karkaleca, kërpudhat, patëllxhanë, selino, karota, kunguj të ëmbël në një tabaka ose pjatë të madhe. Ngrohni vajin në një kazan të thellë në 350F. Rrihni brumin. Zhytni karkalecat në miell të gjithanshëm, më pas në brumë të ftohtë, duke tundur për të hequr brumin e tepërt.

e) Hidheni në yndyrë të thellë dhe skuqini derisa karkalecat të dalin në sipërfaqe.

f) Ndërsa karkalecat po fryhen në sipërfaqen e vajit, hidhni pak më shumë brumë sipër çdo karkalecash dhe gatuajeni derisa brumi të jetë i freskët dhe pak i artë.
g) Kthejeni një herë dhe hiqeni me një lugë ose pirun dhe kullojeni në një raft teli. Mbani nxehtë. Zhytini perimet në miell dhe brumë dhe gatuajini në të njëjtën mënyrë.
h) Vazhdoni të gatuani dhe kulloni karkalecat dhe perimet, disa nga një

0.Sanduiç me sallatë me ton dhe rrepkë

PËRBËRËSIT:

- 320 gr biftekë ton të konservuar
- 4 feta buke me fara te plota
- 50 g kokrra misri të ëmbël
- 2 lugë majonezë
- 1 rrepkë me mikrogjelbër
- Një majë piper i zi i bluar dhe kripë

UDHËZIME:

a) Në një tas, shtoni tonin dhe përzieni me misrin e ëmbël.
b) Shtoni majonezën dhe rregulloni me piper të sapokripur dhe kripë sipas shijes.
c) Prisni rrepkën rozë në feta të holla dhe shpërndani mbushjen midis dy fetave të bukës.
d) Shtroni rrepkën mbi masën e peshkut me ton dhe sipër shtoni fetat e mbetura të bukës.

1.Dardhë, rrepkë mikrogjelbëruese dhe kafshim proshute

PËRBËRËSIT:
- 8 ons djathë të butë dhie
- 6 ons proshuto, të prerë në shirita
- Paketa prej 2 ons me mikrogjelbërime rrepkë
- ¼ filxhan lëng limoni të saposhtrydhur
- 2 dardha, të prera në feta

UDHËZIME:
a) Hidhni lëng limoni mbi çdo fetë dardhe.
b) Në gjysmën e fetës së dardhës shpërndani ¼ lugë çaji djathë të butë dhie, më pas alternoni përbërësit me gjysmën tjetër.
c) Përhapeni një tjetër ¼ lugë çaji djathë dhie të butë sipër fetës së sipërme të dardhës, pasuar nga një rrip i palosur me proshuto dhe pak djathë të butë dhie, më pas mikrogjelbërimet e rrepkës.
d) Mblidhni fetat e mbetura të dardhës dhe shërbejini me më shumë mikrogjelbërime rrepkë sipër.

2.Rrepkë Microgreen & Lime Dip

PËRBËRËSIT:

- 4 ons mikrogjelbërime rrepkë
- 2 ons cilantro
- 8 ons salcë kosi
- 1 lugë qepë e verdhë, e grirë në rende
- 1 thelpi hudhër, e grirë në rende
- 2 lugë gjelle lëng limoni ose sipas shijes
- kripë për shije
- thekon piper të kuq për shije

UDHËZIME:

a) Në një blender, kombinoni mikro zarzavatet, cilantro, qepën, hudhrën dhe salcën e thartë derisa të jenë të lëmuara.
b) Spërkateni me lëng gëlqereje, kripë dhe një majë petë me piper të kuq.
c) Shërbejeni me patate të skuqura, perime, mish të pjekur në skarë dhe pjata të tjera anësore.

3.Bizele bore Shoot Daikon Rolls

PËRBËRËSIT:

- 1 kastravec i prerë imët
- Lëng nga 1 limon
- 1 lugë gjelle gjethe menteje të grira
- 1 lugë gjelle tamari
- 1 lugë gjelle lakër rrepkë
- 12 gjethe shiso
- 2 lugë lëng yuzu
- 1 lugë gjelle uthull orizi
- 1 lugë gjelle galangal i grirë
- 1 rrepkë daikon, e prerë imët në 12 shirita të gjatë
- 1 lugë gjelle bizele bore, të grirë
- 1 avokado e pjekur, e prerë imët
- Farat e susamit të zi, për zbukurim

UDHËZIME:

a) Rregulloni fletët e daikon në një sipërfaqe pune.
b) Çdo fletë daikon duhet të ketë 1 fletë shiso mbi të.
c) Kombinoni tamarin, uthullën e orizit, galangalin dhe lëngun e limonit në një tas; lëre mënjanë.
d) Kombinoni filizat e bizeleve të borës, avokadon, kastravecin dhe nenexhikun në një tas.
e) Shtoni salcën e limonit dhe përzieni.
f) Shpërndani përzierjen në mënyrë të barabartë midis fletëve të daikonit, duke vendosur një pjesë në çdo skaj.
g) Rrotulloni fort, me rrotullën të kthyer nga ju.
h) Transferoni rolet në një pjatë servirjeje, sipër lyeni me lakër dhe pak lëng yuzu.

4. Puffs rrepkë me mikros mustardë

PËRBËRËSIT:

- 2 fletë petë, të prera në 12 copa
- 1 vezë e rrahur
- 5 okë djathë dhie të grimcuar
- 10 deri në 12 rrepka të prera hollë
- Një grusht mikrogjelbërime mustardë
- 1 lugë çaji kripë deti

UDHËZIME:

a) Ngroheni furrën në 400 gradë .
b) Vendoseni brumin në tepsi dhe bëni një buzë të vogël në anën më të shkurtër duke e palosur mbi dy skajet.
c) Përdorni një larje vezësh për të larë pastë. Duke përdorur një pirun, shponi çdo pastë disa herë.
d) Piqni pasta për 8 deri në 10 minuta, derisa të marrin ngjyrë kafe të artë dhe të gëzojnë.
e) Mbi brioshët lyeni djathin e dhisë dhe zbukurojeni me rrepka të prera.
f) Piqni për 8 deri në 10 minuta më shumë, ose derisa pasta të marrë ngjyrë kafe të artë dhe rrepkat të jenë të tejdukshme.
g) Mbi çdo pastë me mikro zarzavate dhe pak kripë dhe shërbejeni menjëherë.

5.Pranvera e luleve ushqimore

PËRBËRËSIT:
SPRING ROLLS
- 8 rrepka , të prera në rripa
- 5 qepë të njoma , të prera në rripa
- ½ kastravec , i prerë në rripa
- ½ spec i kuq zile , i prerë në rripa
- ½ piper zile të verdhë , i prerë në rripa
- 1 avokado , e prerë në rripa
- ½ filxhan barishte të freskëta , të copëtuara përafërsisht
- ½ filxhan lule të ngrënshme të mbetura të plota
- 9 mbështjellës mbështjellës letre orizi

salcë
- 3 lugë gjalpë bajame
- 1 lugë gjelle salcë soje
- 1 lugë gjelle lëng limoni
- 1 lugë mjaltë
- 1 lugë çaji xhenxhefil të grirë
- 1 lugë gjelle ujë të nxehtë

UDHËZIME:
a) Kombinoni të gjithë përbërësit e salcës në një tas .

b) Mbushni një pjatë të cekët me ujë të nxehtë. Duke punuar një nga një, vendosni butësisht një letër orizi në ujin e nxehtë për rreth 15 sekonda, ose derisa të jetë e butë dhe elastike.

c) Zhvendoseni letrën në një sipërfaqe të lagur .

d) Duke punuar shpejt, vendosni mbushjet në letrën e orizit në një rresht të gjatë të ngushtë, duke lënë rreth 2 inç në të dyja anët.

e) Palosni anët e letrës së orizit mbi tumë, më pas rrotullojeni butësisht.

f) Mbulojini rrotullat e përfunduara në një peshqir letre të lagur derisa të jenë gati për t'u ngrënë.

g) Shërbejeni me salcë për zhytjen e gjalpit të bajameve, të prerë sipas dëshirës në gjysmë për ta shërbyer.

6.Bruto pikante dimri

PËRBËRËSIT:

- 1 qepë e kuqe; i qëruar i prerë në feta
- 1 piper jeshil; farë dhe prerë
- 1 piper i kuq ose i verdhe; farë dhe prerë
- 1 Rrepë; të qëruara dhe të hollë
- 2 gota lulelakër lulesh
- 2 gota lule brokoli
- 1 filxhan karrota bebe; të shkurtuara
- ½ filxhan rrepka të prera hollë
- 2 lugë kripë
- 1½ filxhan vaj ulliri
- 1 qepë e verdhë; të qëruara dhe të imta; i copëtuar
- ⅛ lugë çaji Fije shafrani
- Majë shafran i Indisë, qimnon i bluar, piper i zi, piper i kuq, kajen, kripë

UDHËZIME:

- ☑ Vendosni perimet e përgatitura në një tas të madh, spërkatni me 2 lugë kripë dhe shtoni ujin e ftohtë.
- ☑ Të nesërmen kullojini dhe shpëlajini perimet. Përgatitni marinadën duke zier qepën, erëzat dhe kripën në vaj ulliri për 10 minuta.
- ☑ Përhapeni perimet në një enë 9 x 13 inç. Hidhni sipër tyre marinadën e nxehtë.
- ☑ Transferoni në një tas dekorativ për ta servirur, të ftohtë ose në temperaturë ambienti.

SUSHI, CEVICHE DHE KARPAÇIO

27. Karpacio me rrepkë dhe salmon

PËRBËRËSIT:
- 1/2 kile salmon i freskët, i prerë në feta hollë
- Rrepka, të prera hollë
- Lëng limoni të freskët
- Vaj ulliri ekstra i virgjer
- Kripë dhe piper për shije
- Kopër e freskët për zbukurim

UDHËZIME:
a) Renditni fetat e salmonit në një pjatë servirjeje.
b) Vendosni fetat e rrepkës mbi salmon.
c) Hidhni lëng limoni dhe vaj ulliri mbi salmonin dhe rrepkat.
d) I rregullojmë me kripë dhe piper.
e) Dekoroni me kopër të freskët.
f) Shërbejeni të ftohur si një karpacio të lehtë dhe elegante.

28. Futomaki

PËRBËRËSIT:
PËR RREPKA DAIKON TË GATUAR TË THARE
- 1 ons rrepkë daikon të thatë, të njomur dhe të prerë në shirita të gjatë
- 2/3 filxhan lëng supë me dashi shiitake
- 3 lugë salcë soje
- 2 luge sheqer
- 1 lugë gjelle mirin

PËR OMELETË ME VEZË
- 2 vezë
- 2 lugë çaji sheqer
- Vaj kanola

PER ROLETA FUTOMAKI
- 4 fletë nori
- 6 gota oriz të përgatitur sushi
- 1 kastravec i prerë dhe i prerë për së gjati

UDHËZIME:
a) Në një tenxhere, kombinoni supën shiitake dashi, salcën e sojës, sheqerin dhe mirin.
b) Lëreni të vlojë.
c) Shtoni kanpyo dhe ziejini në zjarr të ulët derisa lëngu të jetë pothuajse i mbaruar. Lëreni të ftohet.

PËRGATITNI TAMAGOYAKI
d) Rrihni vezët dhe sheqerin në një enë.
e) Në tigan ngrohni vajin kanola, duke u kujdesur që ta lyeni tiganin.
f) Shtoni përzierjen e vezëve për të krijuar një shtresë të hollë.
g) Më pas rrotulloni ngadalë ose palosni omëletën e vezëve për të bërë një omëletë të mbështjellë trashë.
h) Hiqeni nga tigani dhe lëreni të ftohet. Pritini në shkopinj të gjatë.

BËNI RROLLAT FUTOMAKI SUSHI

i) Vendosni një copë mbështjellëse plastike mbi tapetin prej bambuje.
j) Vendosni alga deti të thata dhe të pjekura mbi mbështjellësin e plastikës në tapetin prej bambuje.
k) Përhapeni në mënyrë të barabartë ¼ pjesë të orizit sushi sipër fletës së tharë të algave të detit.
l) Vendosni kanpyo, omëlet dhe shkopinj kastraveci horizontalisht mbi orizin në qendër.
m) Rrokullisni tapetin prej bambuje, duke shtypur përpara për t'i dhënë formë sushit në një cilindër.
n) Shtypni fort tapetin e bambusë dhe hiqeni nga sushi.
o) Pritini sushin e mbështjellë Futomaki në copa të madhësisë së kafshatës.

9.Karpacio vegjetariane

PËRBËRËSIT:

- 3 panxhar në ngjyra të ndryshme; rozë, të verdhë dhe të bardhë
- 2 karota me ngjyra të ndryshme; të verdhë dhe vjollcë
- 2 Angjinare të Jeruzalemit
- 4 rrepka
- 1 rrepë
- ¼ filxhan vaj ulliri
- 4 lugë gjelle uthull vere
- 1 fetë bukë, e prerë në kubikë
- 2 lugë arra pishe
- 1 lugë fara kungulli
- 2 luge vaj arre
- 1 grusht marule
- kripë deti
- piper i zi i sapo bluar

UDHËZIME:

a) Lani të gjitha perimet. Pritini në feta shumë të holla duke përdorur një mandolinë.
b) Vendoseni në një enë, derdhni uthullën dhe vajin e ullirit dhe përzieni butësisht me gishta.
c) Lëreni të qëndrojë për një orë.
d) Pjekim bukën me arrat e pishës dhe farat e kungujve në një tigan të thatë, duke e përzier vazhdimisht.
e) Rregulloni perimet në një pjatë dhe zbukurojini me krutona dhe fara.
f) Spërkateni me vaj arra, kripë dhe piper.
g) Dekoroni me gjethe marule.

10.Ceviçe jugperëndimore

PËRBËRËSIT:
- 1 kile fileto peshku të bardhë të freskët, të prerë në kubikë të vegjël
- 1 filxhan lëng limoni të freskët
- 1/2 filxhan lëng limoni të freskët
- 1/2 filxhan lëng portokalli të freskët
- 1 qepë e vogël e kuqe, e prerë hollë
- 1 piper jalapeño, i prerë me fara dhe i prerë imët
- 1 spec i kuq zile, i prerë me fara dhe i prerë imët
- 1 spec jeshil, i prerë me fara dhe i prerë hollë
- 1/2 filxhan cilantro e freskët e copëtuar
- 2 domate të pjekura, të prera me fara dhe të prera në kubikë
- 1 avokado, e prerë në kubikë
- Kripë dhe piper për shije
- Patate të skuqura tortilla, për servirje

UDHËZIME:
a) Në një tas jo reaktiv (qelqi ose qeramike), kombinoni kubet e peshkut me lëngun e limonit, lëngun e limonit dhe lëngun e portokallit. Sigurohuni që peshku të jetë zhytur plotësisht në lëngjet e agrumeve.

b) Mbulojeni enën dhe vendoseni në frigorifer për rreth 30 minuta deri në 1 orë derisa peshku të "zihet" dhe të jetë i errët.

c) Ndërsa peshku është duke marinuar, përgatisni përbërësit e tjerë. Në një tas të veçantë, kombinoni qepën e kuqe të prerë në kubikë, piperin jalapeño, specin e kuq zile, piperin jeshil, cilantron, domatet dhe avokadon. Përziejini mirë.

d) Pasi peshku të jetë marinuar, kullojeni lëngun e tepërt të agrumeve. Shtoni peshkun në tasin me përbërësit e tjerë dhe përzieni butësisht gjithçka. I rregullojmë me kripë dhe piper sipas shijes.

e) Mbulojeni ceviçen dhe vendoseni në frigorifer për 30 minuta të tjera për të lejuar që shijet të bashkohen.

f) Përpara se ta shërbeni, shijoni ceviçen dhe rregulloni erëzat nëse është e nevojshme. Shërbejeni të ftohur me patate të skuqura tortilla anash.

1.Roll sushi me rrepkë dhe avokado

PËRBËRËSIT:
- Fletët e algave të detit Nori
- Oriz sushi
- Rrepka, të prera hollë
- Avokado, e prerë në feta
- Kastravec, julienned
- Salcë soje për zhytje

UDHËZIME:
a) Shtroni një fletë nori në një tapet sushi prej bambuje.
b) Përhapni një shtresë orizi sushi mbi nori, duke lënë një kufi të vogël në krye.
c) Vendosni feta rrepkë, feta avokado dhe kastravec të grirë përgjatë mesit të orizit.
d) Rrokullisni fort sushin duke përdorur tapetin prej bambuje.
e) Pritini në copa të vogla dhe shërbejeni me salcë soje.

2.agrume dhe Tuna Ceviche

PËRBËRËSIT:
- 1/2 kile ton i freskët, i prerë në kubikë
- 1/4 filxhan lëng limoni
- 1/4 filxhan lëng portokalli
- 1/4 filxhan rrepka të prera në kubikë
- 1/4 filxhan qepë të kuqe të prerë në kubikë
- 1 piper jalapeno, i prerë dhe i prerë në kubikë
- 2 lugë gjelle cilantro të copëtuar
- Kripë dhe piper për shije

UDHËZIME:
a) Në një tas, kombinoni tonin e prerë në kubikë, lëngun e limonit, lëngun e portokallit, rrepkat, qepën e kuqe, piperin jalapeno dhe cilantron.
b) I rregullojmë me kripë dhe piper.
c) E përziejmë mirë dhe e lemë të marinohet në frigorifer për rreth 30 minuta.
d) Shërbejeni të ftohur si ceviche freskuese, ose më vete ose me patate të skuqura tortilla.

3.Rrepkë dhe karkaleca Sushi Nigiri

PËRBËRËSIT:
- Oriz sushi
- Rrepka, të prera hollë
- Karkaleca të gatuara
- Salcë soje për zhytje

UDHËZIME:
a) Merrni një sasi të vogël orizi sushi dhe formoni atë në një bllok të vogël drejtkëndor.
b) Vendosni një fetë rrepkë sipër bllokut të orizit.
c) Sipër rrepkë me një karkaleca të gatuar.
d) Përsëriteni me përbërësit e mbetur.
e) Shërbejeni sushi nigiri me salcë soje për zhytje.

4.Roll sushi me rrepkë dhe kastravec

PËRBËRËSIT:
- Fletët e algave të detit Nori
- Oriz sushi
- Rrepka, të prera hollë
- Kastravec, julienned
- Xhenxhefil turshi
- Salcë soje për zhytje

UDHËZIME:
a) Shtroni një fletë nori në një tapet sushi prej bambuje.
b) Përhapni një shtresë orizi sushi mbi nori, duke lënë një kufi të vogël në krye.
c) Vendosni feta rrepkë dhe kastravec të grirë përgjatë mesit të orizit.
d) Rrokullisni fort sushin duke përdorur tapetin prej bambuje.
e) Pritini në copa sa kafshatë dhe shërbejeni me xhenxhefil turshi dhe salcë soje.

5.Rrepkë dhe Scallop Ceviche

PËRBËRËSIT:
- 1/2 kile fiston të freskët, të prerë në feta hollë
- 1/4 filxhan lëng limoni
- 1/4 filxhan lëng limoni
- Rrepka, të prera hollë
- Qepë e kuqe, e prerë hollë
- cilantro e freskët, e copëtuar
- Kripë dhe piper për shije

UDHËZIME:
a) Në një tas, kombinoni fiston e prerë në feta, lëngun e limonit, lëngun e limonit, rrepkat, qepën e kuqe dhe cilantron.
b) I rregullojmë me kripë dhe piper.
c) Përziejini mirë dhe lëreni të marinohet në frigorifer për rreth 20 minuta.
d) Shërbejeni të ftohur si ceviçe të shijshme dhe të shijshme.

6.Radish dhe Tuna Sushi Nigiri

PËRBËRËSIT:
- Oriz sushi
- Rrepka, të prera hollë
- Tun i freskët, i prerë në feta hollë
- Salcë soje për zhytje

UDHËZIME:
a) Merrni një sasi të vogël orizi sushi dhe formoni atë në një bllok të vogël drejtkëndor.
b) Vendosni një fetë rrepkë sipër bllokut të orizit.
c) Rrepkë sipër me një fetë ton të freskët.
d) Përsëriteni me përbërësit e mbetur.
e) Shërbejeni sushi nigiri me salcë soje për zhytje.

7.Tuna Carpaccio me rukolë, rrepkë, djegës dhe limon

PËRBËRËSIT:

- 8 ons biftek i freskët ton
- 2 gota rukola
- 4-5 rrepka, të prera hollë
- 1 spec djegës i kuq, i prerë hollë (farat hiqen për ngrohje më të butë, nëse dëshironi)
- Lëng nga 1 limon
- Vaj ulliri ekstra i virgjer
- Kripë dhe piper për shije

UDHËZIME:

a) Vendoseni biftekun e freskët të peshkut të peshkut në frigorifer për rreth 15-20 minuta që të forcohet pak, gjë që do ta bëjë më të lehtë prerjen e hollë.
b) Ndërsa toni është në ngrirje, rregulloni një shtrat me rukola në një pjatë servirjeje ose pjata individuale.
c) Në një tas të vogël, kombinoni rrepkat e prera hollë dhe specin djegës. Le menjane.
d) Hiqeni tonin nga ngrirja dhe përdorni një thikë të mprehtë për ta prerë në feta sa më hollë. Sipër rukolës i rregullojmë fetat e tonit.
e) Spërkatni përzierjen e rrepkës dhe djegësit mbi tonin.
f) Hidhni lëng limoni dhe një sasi bujare vaj ulliri ekstra të virgjër mbi të gjithë pjatën.
g) I rregullojmë me kripë dhe piper sipas shijes.
h) Lërini shijet të bashkohen për disa minuta përpara se t'i shërbeni.
i) Shërbejeni karpaçion me ton me rukolë, rrepkë, djegës dhe limon si një meze ose pjatë e lehtë kryesore.

8.Roll sushi me rrepkë dhe perime

PËRBËRËSIT:
- Fletët e algave të detit Nori
- Oriz sushi
- Rrepka, të prera hollë
- Karota, të pjekura
- Kastravec, julienned
- Avokado, e prerë në feta
- Salcë soje për zhytje

UDHËZIME:
a) Shtroni një fletë nori në një tapet sushi prej bambuje.
b) Përhapni një shtresë orizi sushi mbi nori, duke lënë një kufi të vogël në krye.
c) Vendosni feta rrepkë, karrota të grira, kastravec të grirë dhe feta avokado përgjatë mesit të orizit.
d) Rrokullisni fort sushin duke përdorur tapetin prej bambuje.
e) Pritini në copa të vogla dhe shërbejeni me salcë soje.

9.Rrepkë dhe oktapod Ceviche

PËRBËRËSIT:
- 1/2 kile oktapod i freskët, i gatuar dhe i prerë në feta hollë
- 1/4 filxhan lëng limoni
- 1/4 filxhan lëng portokalli
- Rrepka, të prera hollë
- Qepë e kuqe, e prerë hollë
- cilantro e freskët, e copëtuar
- Kripë dhe piper për shije

UDHËZIME:
a) Në një tas, kombinoni oktapodin e prerë në feta, lëngun e limonit, lëngun e portokallit, rrepkat, qepën e kuqe dhe cilantron.
b) I rregullojmë me kripë dhe piper.
c) E përziejmë mirë dhe e lemë të marinohet në frigorifer për rreth 30 minuta.
d) Shërbejeni të ftohur si ceviçe me shije dhe ekzotike.

KURS KRYESOR

40. Biftek Tacos dhe Salsa

PËRBËRËSIT:
- 2 lugë vaj ulliri, të ndara
- ½ kg biftek krahu
- Kripë
- Piper i zi
- ½ filxhan gjethe cilantro
- 4 rrepka, të prera dhe të grira hollë
- 2 qepe te prera holle
- ½ jalapeño, farat e hequra dhe të prera imët
- 2 lugë gjelle lëng limoni
- 8 tortilla misri

UDHËZIME:

a) Spërkateni biftekin me kripë dhe piper dhe gatuajeni secilën anë në një tigan mbi nxehtësinë e lartë.

b) Hidhni vajin e ullirit në tigan dhe gatuajeni çdo anë për rreth 5-8 minuta. Lëreni të pushojë për pesë minuta të tjera.

c) Prisni gjysmën e cilantros dhe hidhini me rrepka, jalapenos, qepë, lëng limoni dhe 1 lugë gjelle vaj ulliri. I rregullojmë me kripë, piper dhe salsa.

d) Pritini biftekun dhe vendoseni në secilën tortilla së bashku me një pjesë të përzierjes së perimeve.

e) Shërbejeni me djathë queso fresco dhe pjesën tjetër të cilantros.

41. Qengji në salcë vere dhe mikro gjethe

PËRBËRËSIT:
Salca e verës së kuqe:
- 2 qepe, të grira hollë
- 250 ml verë të kuqe
- Hidhni kripë dhe piper
- ½ karotë, e grirë hollë
- 2 lugë çaji vaj ulliri
- 20 g gjalpë
- 300 ml lëng viçi/pule

Sallata me mikro gjethe:
- 50 g fidane bizele
- 50 g lakër rrepkë të kuqe
- 80 g lakërishtë e kuqe
- pak vaj ulliri ekstra të virgjër
- kripë dhe piper

UDHËZIME:
a) Ngroheni furrën në 200°C. dhe ngrohni një tigan me skarë.
b) Fërkojeni raftin e qengjit me kripë dhe piper.
c) Grijeni raftin e qengjit për 2-3 minuta nga secila anë.
d) Transferoni mishin në një tavë për pjekje dhe mbulojeni me fletë metalike.
e) Gatuani për 30 deri në 35 minuta shtesë për të mesme.
f) Ndërkohë në një tenxhere shtoni qepujt dhe karotat në vaj ulliri. Skuqini derisa të zbuten.
g) Shtoni verën e kuqe dhe vazhdoni zierjen derisa lëngu të jetë pakësuar.
h) Shtoni lëngun e viçit dhe ziejini derisa salca të trashet.
i) Kullojeni dhe më pas hidhni lëndët e ngurta.
j) Kthejeni lëngun në tigan, ngroheni në zjarr të ngadaltë, shtoni gjalpin dhe gatuajeni edhe për disa minuta të tjera që të trashet salca.
k) Kombinoni të gjitha zarzavatet e sallatës në një tas, rregulloni me kripë dhe piper dhe spërkatni me vaj ulliri ekstra të virgjër.
l) Nxirreni qengjin nga furra dhe lëreni të pushojë për 10 minuta.
m) Pritini qengjin në feta dhe shërbejeni me salcë vere të kuqe dhe zarzavate të veshura.

42.Kuinoa dhe tas me mikrogjelbërime me rrepkë

PËRBËRËSIT:
- 1½ lugë majonezë
- 2 lugë çaji uthull molle
- 1 qepë jeshile, e grirë
- ¼ lugë çaji pluhur kerri
- 2 gota lule brokoli
- 3,5 ons kanaçe Quinoa
- ⅓ filxhanë mango, të copëtuara
- ⅓ filxhanë domate qershi, të përgjysmuara
- ⅓ filxhan kastravec, i copëtuar
- ⅓ filxhan rrepkë ose mikrogjelbërime me rrepkë të zezë
- Majë kripë
- Pini piper të sapo bluar

UDHËZIME:

a) Në një tas, kombinoni majonezën, uthullën, qepën e gjelbër dhe pluhurin e kerit.

b) I rregullojmë me kripë dhe piper sipas shijes dhe më pas e lëmë mënjanë.

c) Zieni në një tenxhere ujin me kripë dhe ziejini misrin për pesë minuta.

d) Kullojeni, shpëlajeni me ujë të ftohtë dhe më pas kullojeni edhe një.

e) Hidhni brokolin në një enë dhe përzieni plotësisht përbërësit e mbetur.

f) Spërkateni me vinegrette dhe sipër hidhni zarzavate.

43. Taco Truck Tacos

PËRBËRËSIT:
- 1½ paund shpatull derri (i copëtuar)
- 2 Lime
- 12 tortilla misri
- 1 tufë cilantro
- ½ filxhan qepë të copëtuara
- Rrepka, avokado dhe domate të freskëta

UDHËZIME:

a) Në një medium, tigani fillon të skuqet mishi i cili më parë ishte i kalitur me qimnon, kripë dhe piper.

b) Pasi të keni mbaruar, ngrohni tortillat nga të dyja anët dhe sipër i hidhni mishin, qepët, avokadon, domatet dhe pak lëng limoni.

44. Havajane Tun i pjekur në skarë me alga deti dhe rrepkë

PËRBËRËSIT:

- ½ filxhan salcë soje
- 3 lugë mjaltë
- 1 lugë gjelle Xhenxhefil i freskët i grirë
- 2 lugë çaji hudhër të grirë
- Piper i zi i freskët i bluar për shije.
- 2 biftekë ton
- 2 lugë gjelle uthull vere orizi
- 2 lugë salcë soje
- 2 lugë lëng limoni
- ½ lugë çaji lëvore limoni e grirë
- 1 lugë gjelle Xhenxhefil i freskët i grirë
- 1 lugë çaji hudhër të grirë
- 2 lugë Qepë e grirë
- ¼ lugë çaji Piper i kuq
- ¼ filxhan vaj ulliri
- ½ paketë mbështjellës Wonton
- Vaj vegjetal për tiganisje të thellë
- ¼ filxhan alga deti
- ½ filxhan gjethe radichio me madhësi të kafshuar
- ½ filxhan endive e prerë në feta
- ½ filxhan gjethe spinaqi bebe
- 2 lugë gjelle piper të verdhë të zbehur
- 2 lugë gjelle piper të kuq të zhuritur
- Lakër rrepkë
- Xhenxhefil turshi
- Havjar i Artë
- Farat e lehta të susamit
- Farat e errëta të susamit

UDHËZIME:

a) Në një enë përzieni së bashku 5 përbërësit e parë.
b) Vendosni biftekët e peshkut në një tigan dhe masën e derdhni sipër duke e lyer tonin nga të gjitha anët. Marinoni peshkun për 15 minuta.
c) Më pas transferojeni tonin e marinuar në një skarë të nxehur dhe grijeni në skarë për 1-2 minuta nga secila anë. Në një enë përzieni të gjithë përbërësit për salcën.

d) Ngrohni vajin e skuqjes në 350 gradë. Pritini mbështjellësit wonton në shirita julienne dhe skuqini ato derisa të marrin ngjyrë të artë.
e) I kullojmë në peshqir letre. Në një tas hidhni së bashku algat e detit, gjethet e radicchios, endive të prera në feta, gjethet e spinaqit, piperin e verdhë të grirë dhe piperin e kuq të grirë.
f) Rregulloni alga deti dhe zarzavate në qendër të 2 pjatave për servirje dhe sipër i hidhni shiritat e skuqur të wonton. Spërkateni me pak salcë, sipër me ton dhe hidhni më shumë salcë.
g) Zbukuroni me një grup të vogël me lakër rrepkë, xhenxhefil turshi, tobiko, fara të lehta susami, fara të errëta susami dhe havjar të artë.

5.Dumplings viçi të ziera në avull

PËRBËRËSIT:

- 8 oz. Viçi i grirë pa dhjamë
- 1 1/2 lugë salcë soje
- 1 lugë gjelle cilantro e copëtuar 1 lugë çaji Rrënja xhenxhefili e grirë 1 lugë çaji niseshte misri
- 1/2 lugë çaji vaj kikiriku
- 20 mbështjellës të rrumbullakët wonton Ujë
- Fansat e qepës për zbukurim
- Lule rrepkë për zbukurim

UDHËZIME:

a) Në një tas të vogël, kombinoni viçin, salcën e sojës, cilantro, rrënjë xhenxhefili, niseshte misri dhe vaj. Vendosni 10 mbështjellës wonton në sipërfaqen e punës. Vendosni 2 lugë çaji mbushje në qendër të çdo mbështjellësi wonton.

b) Lagni çdo mbështjellës wonton. Lyejeni të gjithë skajin me ujë. Ngrini të dyja anët e mbështjellësit dhe ngjitini së bashku sipër mbushjes, duke mbledhur skajet dhe mbështjellësit me palosje; majë për të vulosur.

c) Vazhdoni me mbështjellësit dhe mbushjen e mbetur.

d) Në secilën nga dy tiganët e mëdhenj, vendosni 2 gota ujë të ziejnë. Ulni nxehtësinë në mesatare; shtoni dumplings dhe mos lejoni të prekni.

e) Mbulojeni lehtë dhe ziejini me avull derisa petat të jenë të forta dhe mbështjellësit të jenë të butë, 15 minuta. Shërbejeni menjëherë.

f) Zbukuroni pjatën e servirjes me tifozë qepë dhe lule rrepkë

6.yuzu me kore me rrepkë

PËRBËRËSIT:
- 200 g tofu të fortë
- 2 lugë fara susami
- 1 lugë gjelle shichimi togarashi japoneze
- Përzierje erëzash
- 1/2 lugë miell misri
- 1 lugë gjelle vaj susami
- 1 lugë gjelle vaj vegjetal
- 200 g brokoli të butë
- 100 g bizele sheqeri
- 4 rrepka, të prera shumë imët
- 2 qepë të vogla, të prera me kujdes
- 3 kumkuat, të prera shumë imët

PËR VESHJE
- 2 lugë gjelle salcë soje japoneze me pak kripë
- 2 lugë gjelle lëng yuzu
- 1 lugë çaji sheqer pluhur i artë
- 1 qepe e vogël, e prerë në kubikë të imët
- 1 lugë çaji xhenxhefil të grirë

UDHËZIME:

a) Pritini tofu-n në pjesë, mbulojeni mirë me letër kuzhine dhe vendoseni në një pjatë. Vendosni sipër një tigan të rëndë për të shtrydhur ujin prej saj.

b) Përzieni farat e susamit, përzierjen e erëzave japoneze dhe miellin e misrit në një tas. Spërkateni mbi tofu. Le menjane.

c) Në një tas të vogël, përzieni përbërësit e salcës. Vërini një tigan me ujë të ziejë për perimet dhe ngrohni të dy vajrat në një tigan të madh.

d) Kur tigani të jetë shumë i nxehtë, përfshini tofu dhe skuqeni për 1 minutë afërsisht nga secila anë lart derisa të skuqet mirë.

e) Kur uji të vlojë, përgatisni brokolin dhe bizelet e sheqerit për 2-3 minuta.

7.Pulë yuzu e pjekur me sallat japoneze

PËRBËRËSIT:

- 2 thelpinj hudhre, te shtypura
- 2 lugë çaji xhenxhefil, i grirë
- 25 g gjalpë pa kripë, i shkrirë
- 1/4 filxhan lëng yuzu ose lëng gëlqereje
- 2 lugë salcë soje e lehtë
- 4 pula Maryland's
- 1/2 lugë çaji vaj susami
- 1 lugë gjelle vaj kikiriku
- 1/2 lugë çaji sheqer pluhur
- Farat e susamit të zi, për t'u shërbyer
- Pika limoni, për t'u shërbyer

SLAVA JAPONEZE

- 1 avokado, e prerë hollë
- 100 gr bizele të grira me sheqer, të prera për së gjati
- 3 rrepka, të prera, të prera hollë
- 1 karotë e madhe, e prerë në shkrepse të holla
- 1/2 tufë qiqra, të prera në gjatësi 4 cm
- 150 g gjethe raketash të egra

UDHËZIME:

a) Kombinoni hudhrën, xhenxhefilin, gjalpin, 2 lugë yuzu dhe 1 lugë salcë soje në një tas.

b) Shtoni pulën dhe kthejeni në pallto. Mbulojeni dhe vendoseni në frigorifer për 20 minuta që të marinohen.

c) Ngroheni furrën në 180°C. Kullojeni pulën, rezervoni marinadën dhe thajeni.

d) Vendoseni në një tepsi të veshur me letër pjekjeje dhe piqini, duke e lyer me marinadë të rezervuar çdo 15 minuta, për 1 orë ose derisa të marrë ngjyrë të artë dhe të gatuhet.

e) Ndërkohë, bashkoni përbërësit e sallatave në një tas. Në një tas të veçantë, rrihni vajin e susamit, vajin e kikirikut, sheqerin dhe 2 lugë gjelle yuzu dhe 1 lugë sojë. Hidheni me sallat për t'u kombinuar.

f) Shërbejeni mishin e pulës dhe sallatave të spërkatura me farat e susamit, me limon për t'u shtrydhur.

3.Peshk i zier me avull

PËRBËRËSIT:

- 3½ gota dashi ose ujë
- 2 gota oriz të zi, të zier
- 1 filxhan verë të bardhë të thatë
- 1 copë kombu, 3 x 3 inç
- 1 lugë çaji pluhur shafran i Indisë
- 2 gjethe dafine
- 2 lugë gjelle alga deti të thata
- kripë kosher
- 2 fileto levreku të zi ose snapper të kuqe, të ziera në avull
- 5 ons kërpudha shiitake, të prera në gjysmë
- 2 gota fidane bizele
- 2 rrepka të kuqe, të grira
- 2 lugë gjelle gjethe mente të copëtuara

UDHËZIME:

a) Kombinoni lëngun e mishit, orizin, verën, kombu, kripën, pluhurin e shafranit të Indisë, gjethet e dafinës dhe algat e detit në një tenxhere.
b) Gatuani në temperaturë të ulët për 1 orë.
c) Vendoseni peshkun mbi oriz, më pas vendosni kërpudhat.
d) Shtoni nenexhik, rrepka dhe bizele si garniturë.

9.Rizoto japoneze me kërpudha

PËRBËRËSIT:

- 4 ½ filxhan Llak perimesh; ose supë miso-infused, i këndshëm
- 1 lugë gjelle Vaj ulliri ekstra i virgjer
- ½ filxhan oriz rozë-sushi
- ½ filxhan Sake
- Kripë Kosher
- Piper i zi i sapo bluar
- ½ filxhan Kërpudha Enoki
- ½ filxhan Qepë të copëtuara
- ¼ filxhan Lakër rrepkë

UDHËZIME:

a) Nëse përdorni lëngun e injektuar me miso, kombinoni 1 lugë gjelle miso me 4½ gota ujë dhe lëreni të ziejë. Ulni zjarrin dhe ziejini.

b) Në një tenxhere, ngrohni vajin e ullirit mbi nxehtësinë mesatare në të lartë. Shtoni orizin duke e përzier vazhdimisht në një drejtim derisa të lyhet mirë. Hiqeni tiganin nga zjarri dhe shtoni sake.

c) E kthejmë në zjarr dhe e përziejmë vazhdimisht në një drejtim derisa të përthithet i gjithë lëngu. Shtoni lëngun ose lëngun me ½ filxhan duke e përzier vazhdimisht derisa lëngu të përthithet me çdo shtim.

d) I rregullojmë me kripë dhe piper. Hidhni me lugë në tasat për servirje, zbukurojeni me kërpudha, qepë dhe lakër dhe shërbejeni.

e) Zbukuroni me kërpudha delikate enoki, qepë të copëtuara dhe lakër rrepkë pikante.

.Pulë e pjekur me pesto fëstëk

PËRBËRËSIT:

- 25 g fëstëkë me lëvozhgë
- 1 tufë e madhe borzilok të freskët, gjethe dhe kërcell të prera përafërsisht
- 4 degëza të freskëta menteje, gjethe të prera përafërsisht
- Lëkurë e grirë dhe lëng ½ limoni, plus ½ limoni
- 125 ml vaj ulliri ekstra të virgjër
- 2 kg pulë e plotë me ushqim të lirë
- 125 ml verë e bardhë e thatë
- 200 gr bukë brumë thartë, e grirë në copa
- 200 g rrepka të përziera, të përgjysmuara ose të katërta nëse janë të mëdha
- 250 gr asparagus
- Një grusht i madh bizelesh

UDHËZIME:

a) Ngrohni furrën në 200°C/180°C ventilator/gaz 6. Përzieni fëstëkët, borzilokun, nenexhikun dhe lëkurën e limonit dhe lëngun në një copëz të vogël ose përpunues të vogël ushqimi në një pastë të ashpër. Spërkateni me 100 ml vaj, më pas aromatizoni dhe përzieni për ta kombinuar. Vendosni gjysmën e pestos në një enë të vogël për servirje dhe lëreni mënjanë.

b) Vendoseni pulën në një tepsi të madhe të cekët për pjekje. Duke punuar nga zgavra e qafës, përdorni gishtat për të krijuar një xhep midis lëkurës dhe mishit

c) të gjinjve. Shtyjeni peston nën lëkurën e pulës dhe fërkojeni çdo tepricë mbi lëkurë. Shtrydhni ½ limonin e mbetur mbi pulë, më pas vendoseni në zgavër. Pjekim për 20 minuta, më pas uleni furrën në 190°C/170°C ventilator/gaz 5.

d) Shtoni verën dhe 125 ml ujë në tepsi dhe piqini për 40-50 minuta të tjera derisa pula të gatuhet.

e) Vendoseni pulën në një dërrasë, mbulojeni lirshëm me fletë metalike dhe lëreni mënjanë të pushojë. Hidhni lëngjet e pjekjes nga tepsi në një enë. Shtoni bukën, rrepkat dhe shpargujt në tavën e pjekjes, hidhni me lugë pak yndyrë nga sipër lëngjeve dhe hidhni bukën dhe perimet.

f) Rrëzoni, më pas piqini për 12-15 minuta derisa perimet të zbuten dhe buka të jetë e freskët. Hidhni çdo yndyrë nga lëngjet e mbetura dhe ngroheni në një tigan për lëng mishi.
g) Përzieni peston e mbetur dhe 25 ml vaj ulliri dhe derdhni sipër pulës dhe perimeve. Shërbejeni me bizele dhe lëng mishi anash.

51. Pica e freskët e kopshtit

PËRBËRËSIT:

- Dy rrotulla gjysmëhënë në frigorifer
- Dy pako krem djathi shqeme, i zbutur
- ⅓ filxhan majonezë
- Paketa 1,4 ons e përzierjes së supës së thatë me perime
- 1 filxhan rrepka, të prera në feta
- ⅓ filxhan piper jeshil i copëtuar
- ⅓ filxhan piper i kuq i copëtuar
- ⅓ filxhan piper zile të verdhë të copëtuar
- 1 filxhan lule brokoli
- 1 filxhan lulelakër lulesh
- ½ filxhan karotë të copëtuar
- ½ filxhan selino të copëtuar

UDHËZIME:

a) Vendoseni furrën tuaj në 400 gradë F përpara se të bëni ndonjë gjë tjetër.
b) Në pjesën e poshtme të një tepsi pelte 11x14 inç, shtrini brumin me role gjysmëhënë.
c) Me gishtat, lidhni çdo shtresë së bashku për të bërë një kore.
d) Gatuani gjithçka në furrë për rreth 10 minuta.
e) Hiqni gjithçka nga furra dhe lëreni mënjanë të ftohet plotësisht.
f) Në një tas, përzieni majonezën, kremin e djathit shqeme dhe përzierjen e supës me perime.
g) Vendoseni përzierjen e majonezës mbi kore në mënyrë të barabartë dhe sipër gjithçkaje me perimet në mënyrë të barabartë dhe shtypni butësisht në përzierjen e majonezës.
h) Mbulojeni picën me mbështjellës plastik dhe vendoseni në frigorifer gjatë gjithë natës.

SUPPA, MERRJE DHE CILI

2.Supë kremoze me rrepkë

PËRBËRËSIT:
- 1 tufë rrepka, të prera dhe të prera në feta
- 1 qepë, e grirë
- 2 thelpinj hudhre, te grira
- 4 gota supë perimesh
- 1 filxhan krem të rëndë
- Kripë dhe piper për shije
- Qiqra të freskëta për zbukurim

UDHËZIME:
a) Në një tenxhere të madhe kaurdisim rrepkat, qepën dhe hudhrën derisa të zbuten.
b) Shtoni lëngun e perimeve dhe lëreni të ziejë. Ziejini për 10 minuta.
c) Duke përdorur një blender zhytjeje ose blender të zakonshëm, bëjeni pure supën derisa të jetë e qetë.
d) Përzieni kremin e trashë dhe e rregulloni me kripë dhe piper.
e) Shërbejeni të nxehtë, të zbukuruar me qiqra të freskëta.

3.Supë pikante me rrepkë dhe karrota

PËRBËRËSIT:
- 1 tufë rrepka, të prera dhe të prera në feta
- 2 karota, të qëruara dhe të prera në feta
- 1 qepë, e grirë
- 2 thelpinj hudhre, te grira
- 4 gota supë perimesh
- 1 lugë çaji qimnon
- 1/2 lugë çaji paprika
- 1/4 lugë çaji piper kajen
- Kripë dhe piper për shije
- cilantro e freskët për zbukurim

UDHËZIME:
a) Në një tenxhere të madhe kaurdisni rrepkat, karotat, qepën dhe hudhrën derisa të zbuten.
b) Shtoni lëngun e perimeve, qimnonin, paprikën dhe piperin e kuq. Lëreni të vlojë dhe ziejini për 15 minuta.
c) Duke përdorur një blender zhytjeje ose blender të zakonshëm, bëjeni pure supën derisa të jetë e qetë.
d) I rregullojmë me kripë dhe piper.
e) Shërbejeni të nxehtë, të zbukuruar me cilantro të freskët.

4.Supë me rrepkë dhe patate

PËRBËRËSIT:

- 1 tufë rrepka, të prera dhe të prera në feta
- 2 patate të qëruara dhe të prera në kubikë
- 1 qepë, e grirë
- 2 thelpinj hudhre, te grira
- 4 gota supë perimesh
- 1/2 filxhan qumësht ose krem
- Kripë dhe piper për shije
- Majdanoz i freskët për zbukurim

UDHËZIME:

a) Në një tenxhere të madhe kaurdisim rrepkat, patatet, qepën dhe hudhrën derisa të zbuten.
b) Shtoni lëngun e perimeve dhe lëreni të ziejë. Ziejini për 20 minuta derisa perimet të zbuten.
c) Duke përdorur një blender zhytjeje ose blender të zakonshëm, bëjeni pure supën derisa të jetë e qetë.
d) Hidhni qumështin ose kremin dhe rregulloni me kripë dhe piper.
e) Shërbejeni të nxehtë, të zbukuruar me majdanoz të freskët.

5.Supë me zarzavate me rrepkë

PËRBËRËSIT:
- Zarzavate nga 1 tufë rrepka, të lara dhe të copëtuara
- 1 qepë, e grirë
- 2 thelpinj hudhre, te grira
- 4 gota supë perimesh
- 1 luge vaj ulliri
- Lëng nga 1 limon
- Kripë dhe piper për shije
- Kos grek për zbukurim

UDHËZIME:
a) Në një tenxhere të madhe kaurdisim qepën dhe hudhrën në vaj ulliri derisa të zbuten.
b) Shtoni zarzavatet e rrepkës dhe ziejini për disa minuta derisa të thahen.
c) Shtoni lëngun e perimeve dhe lëreni të ziejë. Ziejini për 10 minuta.
d) Duke përdorur një blender zhytjeje ose blender të zakonshëm, bëjeni pure supën derisa të jetë e qetë.
e) Hidhni lëngun e limonit dhe rregulloni me kripë dhe piper.
f) Shërbejeni të nxehtë, të zbukuruar me një kos grek.

5.Supë me rrepkë të ftohtë

PËRBËRËSIT:
- 1 tufë rrepka, të prera dhe të prera në feta
- 1 kastravec i qëruar dhe i prerë
- 1 mollë jeshile, e qëruar dhe e prerë
- 2 lugë gjelle me gjethe të freskëta nenexhiku
- 2 gota supë perimesh
- Lëng nga 1 lime
- Kripë dhe piper për shije

UDHËZIME:
a) Në një blender, kombinoni rrepkat, kastravecin, mollën jeshile, gjethet e nenexhikut, lëngun e perimeve, lëngun e limonit, kripën dhe piperin.
b) Përziejini derisa të jetë e qetë.
c) Lëreni në frigorifer për të paktën 1 orë që të ftohet.
d) Shërbejeni të ftohtë, të zbukuruar me gjethe nenexhiku të freskët.

7.Supë me rrepkë dhe panxhar

PËRBËRËSIT:
- 1 tufë rrepka, të prera dhe të prera në feta
- 2 panxhar të qëruar dhe të prerë
- 1 qepë, e grirë
- 2 thelpinj hudhre, te grira
- 4 gota supë perimesh
- 1/4 filxhan kos të thjeshtë grek
- Lëng nga 1 limon
- Kripë dhe piper për shije

UDHËZIME:
a) Në një tenxhere të madhe kaurdisim rrepkat, panxharin, qepën dhe hudhrën derisa të zbuten.
b) Shtoni lëngun e perimeve dhe lëreni të ziejë. Ziejini për 20 minuta derisa perimet të zbuten.
c) Duke përdorur një blender zhytjeje ose blender të zakonshëm, bëjeni pure supën derisa të jetë e qetë.
d) Përzieni kosin grek dhe lëngun e limonit. I rregullojmë me kripë dhe piper.
e) Shërbejeni të nxehtë, të zbukuruar me pak kos grek dhe një spërkatje me rrepka të copëtuara.

8.Supë me rrepkë dhe domate

PËRBËRËSIT:
- 1 tufë rrepka, të prera dhe të prera në feta
- 4 domate, të prera
- 1 qepë, e grirë
- 2 thelpinj hudhre, te grira
- 4 gota supë perimesh
- 2 lugë pastë domate
- 1 luge vaj ulliri
- Kripë dhe piper për shije
- Boriloku i freskët për zbukurim

UDHËZIME:
a) Në një tenxhere të madhe kaurdisni në vaj ulliri rrepkat, domatet, qepën dhe hudhrën derisa të zbuten.
b) Shtoni lëngun e perimeve dhe lëreni të ziejë. Ziejini për 20 minuta derisa perimet të zbuten.
c) Duke përdorur një blender zhytjeje ose blender të zakonshëm, bëjeni pure supën derisa të jetë e qetë.
d) Përzieni pastën e domates dhe rregulloni me kripë dhe piper.
e) Shërbejeni të nxehtë, të zbukuruar me gjethe borziloku të freskët.

9.Supë me kerri me rrepkë dhe kokos

PËRBËRËSIT:
- 1 tufë rrepka, të prera dhe të prera në feta
- 1 qepë, e grirë
- 2 thelpinj hudhre, te grira
- 1 lugë gjelle pluhur kerri
- 1 kanaçe qumësht kokosi
- 4 gota supë perimesh
- 1 luge vaj ulliri
- Kripë dhe piper për shije
- cilantro e freskët për zbukurim

UDHËZIME:
a) Në një tenxhere të madhe kaurdisim rrepkat, qepën dhe hudhrën në vaj ulliri derisa të zbuten.
b) Shtoni pluhur kerri dhe përzieni për një minutë.
c) Shtoni qumështin e kokosit dhe lëngun e perimeve. Lëreni të vlojë. Ziejini për 15 minuta.
d) Duke përdorur një blender zhytjeje ose blender të zakonshëm, bëjeni pure supën derisa të jetë e qetë.
e) I rregullojmë me kripë dhe piper.
f) Shërbejeni të nxehtë, të zbukuruar me cilantro të freskët.

Supë me rrepkë dhe spinaq

PËRBËRËSIT:
- 1 tufë rrepka, të prera dhe të prera në feta
- 2 gota gjethe të freskëta spinaqi
- 1 qepë, e grirë
- 2 thelpinj hudhre, te grira
- 4 gota supë perimesh
- 1 lugë gjelle gjalpë
- 1/2 filxhan qumësht ose krem
- Kripë dhe piper për shije

UDHËZIME:
a) Në një tenxhere të madhe kaurdisni në gjalpë rrepkat, spinaqin, qepën dhe hudhrën derisa të zbuten.
b) Shtoni lëngun e perimeve dhe lëreni të ziejë. Ziejini për 15 minuta.
c) Duke përdorur një blender zhytjeje ose blender të zakonshëm, bëjeni pure supën derisa të jetë e qetë.
d) Hidhni qumështin ose kremin dhe rregulloni me kripë dhe piper.
e) Shërbejeni të nxehtë, të zbukuruar me një spërkatje me feta të freskëta rrepkë.

1. Supë me rrepkë dhe kërpudha

PËRBËRËSIT:

- 1 tufë rrepka, të prera dhe të prera në feta
- 8 ons kërpudha, të prera në feta
- 1 qepë, e grirë
- 2 thelpinj hudhre, te grira
- 4 gota supë perimesh
- 2 luge vaj ulliri
- 1/4 filxhan kos të thjeshtë grek
- Kripë dhe piper për shije
- Trumzë e freskët për zbukurim

UDHËZIME:

a) Në një tenxhere të madhe kaurdisni në vaj ulliri rrepkat, kërpudhat, qepën dhe hudhrën derisa të zbuten.
b) Shtoni lëngun e perimeve dhe lëreni të ziejë. Ziejini për 20 minuta derisa perimet të zbuten.
c) Duke përdorur një blender zhytjeje ose blender të zakonshëm, bëjeni pure supën derisa të jetë e qetë.
d) Përzieni kosin grek dhe kriposeni me piper.
e) Shërbejeni të nxehtë, të zbukuruar me gjethe të freskëta trumze.

SALATATË

62. Sallatë me patate të ëmbla dhe proshuta të pjekura

PËRBËRËSIT:

- Mjaltë 1 lugë çaji
- Lëng limoni 1 lugë gjelle
- Qepë të njoma (të ndara dhe të prera) 2
- Piper i kuq i ëmbël (i grirë imët) ¼ filxhan
- Pecans (të copëtuara dhe të thekura) ⅓ filxhan
- Rrepkë (të prera) ½ filxhan
- Proshuto (e prerë hollë dhe e prerë) ½ filxhan
- Piper ⅛ lugë çaji
- ½ lugë çaji kripë (e ndarë)
- 4 lugë vaj ulliri (i ndarë)
- 3 patate të ëmbla, të mesme (të qëruara dhe të prera në kubikë në 1 inç)

UDHËZIME:

a) Ngroheni furrën në 400 gradë F.
b) Vendosni patatet e ëmbla në një tavë të lyer me yndyrë (15x10x1 inç).

c) Hidhni 2 lugë vaj dhe spërkatni ¼ lugë çaji kripë dhe piper dhe i hidhni siç duhet. Pjekim për gjysmë ore, dhe ende në mënyrë periodike.
d) Spërkatni pak proshuto mbi patatet e ëmbla dhe skuqeni për 10 deri në 15 minuta derisa patatet e ëmbla të jenë të buta dhe proshuta të bëhet krokante.
e) Transferoni përzierjen në një tas me madhësi të madhe dhe lëreni të ftohet pak.
f) Shtoni gjysmën e qepëve të njoma, specit të kuq, arra dhe rrepkat. Merrni një tas me madhësi të vogël dhe rrihni kripën, vajin e mbetur, mjaltin dhe lëngun e limonit derisa të përzihen mirë.
g) Spërkateni mbi sallatë; hidheni siç duhet për t'u kombinuar. Spërkateni me qepët e njoma të mbetura.

63.Sallatë me shalqi me mikrozarzavate

PËRBËRËSIT:
- 1 luge uthull balsamike
- Kripë për shije
- Një grusht mikrogjelbërimesh rrepkë
- 2 lugë vaj ulliri, ekstra i virgjër
- 1 fetë shalqi
- 2 lugë bajame të grira
- 20 g djathë feta, i grimcuar

UDHËZIME:
a) Vendosni shalqinin tuaj në një pjatë.
b) Sipër shalqirit shtrojmë djathin feta dhe bajamet.
c) Hidhni mbi to vaj ulliri ekstra të virgjër dhe uthull balsamike.
d) Shtoni sipër zarzavatet.

64.Sallatë me ylber

PËRBËRËSIT:
- Paketim 5 ons marule kokërr gjalpë
- Rukola me paketë 5 ons
- Microgreens me erëza
- 1 rrepkë vjollce e prerë hollë
- 1/2 filxhan bizele të prera, të prera hollë
- 1 rrepkë jeshile, e prerë në feta hollë
- 1/4 filxhan lakër të kuqe, të grirë
- 2 qepe, të prera në rrathë
- 1 rrepkë shalqini, e prerë në feta hollë
- 2 portokall gjaku, te segmentuar
- 3 karota ylber, të rruara në shirita
- 1/2 filxhan lëng portokalli gjaku
- 1/2 filxhan vaj ulliri ekstra të virgjër
- 1 lugë gjelle uthull vere të kuqe
- 1 lugë gjelle rigon të tharë
- 1 lugë mjaltë
- Kripë dhe piper, për shije
- për dekorimin e luleve ushqimore

UDHËZIME:
a) Përzieni vajin e ullirit, uthullën e verës së kuqe dhe rigonin në një enë. Shtoni qepujt dhe lërini të marinohen për të paktën 2 orë në banak.
b) Lërini mënjanë qepujt.
c) Në një kavanoz, përzieni lëngun e portokallit, vajin e ullirit, mjaltin dhe pak kripë dhe piper derisa të jetë e trashë dhe e lëmuar. I rregullojmë me kripë dhe piper sipas shijes.
d) Hidhni përzierjen pikante të mikrozarzavate, marule dhe rukola me rreth ¼ filxhan vinegrette në një tas shumë të madh përzierjeje.
e) Kombinoni karotat, bizelet, qepujt dhe segmentet e portokallit me gjysmën e rrepkave.
f) Mblidhni gjithçka dhe një vinegrette shtesë dhe lule të ngrënshme për të përfunduar.

65.me mikrogjelbërime dhe bizele bore

PËRBËRËSIT:
VINEGRETTE
- 1 lugë çaji shurup panje
- 2 lugë çaji lëng limoni
- 2 luge uthull balsamike te bardhe
- 1 ½ filxhan luleshtrydhe të prera në kubikë
- 3 lugë vaj ulliri

SALLATË
- 2 rrepka, të prera hollë
- 6 ons mikrogjelbërime të lakrës
- 12 bizele bore, te prera holle
- Luleshtrydhe të përgjysmuara, lule të ngrënshme dhe degëza të freskëta barishtore, për zbukurim

UDHËZIME:
a) Për të bërë vinegrette, rrihni së bashku luleshtrydhet, uthullën dhe shurupin e panjeve në një pjatë për përzierje. Kullojeni lëngun dhe shtoni lëngun e limonit dhe vajin.
b) I rregullojmë me kripë dhe piper.
c) Për të përgatitur sallatën, kombinoni zarzavatet, bizelet e borës, rrepkat, luleshtrydhet e ruajtura dhe ¼ filxhan vinegrette në një tas të madh përzierjeje.
d) Shtoni luleshtrydhe të përgjysmuara, lule të ngrënshme dhe degëza të freskëta barishtore si garniturë.

66. Sallatë pranverore me mikrogjelbër

PËRBËRËSIT:
- 2 lugë gjelle kripë
- 1 grusht mikrogjelberash bizele
- ½ filxhan fasule, të zbardhura
- 4 karota, të prera në kubikë, të zbardhura
- 1 grusht mikrogjelbërime Pak Choi
- 1 grusht zarzavate Wasabi Mustard
- 1 majë zarzavate amaranti
- 4 rrepka, të prera në monedha të holla
- 1 filxhan bizele, të zbardhura
- Kripë dhe piper për shije

VESHJE KAROTË-XHINXHELER
- ¼ filxhan uthull vere orizi
- ½ filxhan ujë
- Xhenxhefil 1 inç, i qëruar dhe i prerë në feta
- 1 lugë salcë soje
- 1 lugë majonezë
- Kripë Kosher dhe piper i zi për shije

UDHËZIME:
a) Kombinoni zarzavatet, rrepkat, karotat, bizelet dhe fasulet, dhe spërkatni me kripë dhe piper.
b) Përzieni xhenxhefilin, ½ filxhan karota të rezervuara, uthullën e verës së orizit dhe ujin derisa të jenë të lëmuara.
c) Hiqeni nga blenderi dhe lyeni salcën e sojës dhe majonezën.
d) Hidhni sallatën me salcën dhe shërbejeni

67.Sallatë me shegë të hidhur

PËRBËRËSIT:

VESHJA:
- 2 lugë gjelle lëng limoni
- ½ filxhan lëng portokalli gjaku
- ¼ filxhan shurup panje

SALLATË:
- ½ filxhan mikrogjelbërime me lakër të prerë
- 1 radikio i vogël, i grirë në madhësi të vogël
- ½ filxhan lakër vjollcë, të prerë hollë
- ¼ qepë e kuqe e vogël, e grirë hollë
- 3 rrepka, të prera në copa të holla
- 1 portokall gjaku, i qëruar, i prerë dhe i segmentuar
- kripë dhe piper për shije
- ⅓ filxhan djathë rikota
- ¼ filxhan arra pishe, të thekura
- ¼ filxhan kokrra shege
- 1 luge vaj ulliri

UDHËZIME:

VESHJA:

a) Ziejini lehtë të gjithë përbërësit e salcës për 20-25 minuta.
b) Lëreni të ftohet përpara se ta shërbeni.

SALLATË:

c) Kombinoni radicchio, lakër, qepë, rrepkë dhe mikrogjelbërime në një tas.
d) Hidhni butësisht kripë, piper dhe vaj ulliri.
e) Në një pjatë servirje, shpërndani një lugë të vogël djathë ricotta.
f) Hidhni sipër arrat e pishës dhe kokrrat e shegës dhe spërkatni me shurupin e portokallit të gjakut.

68. Sallatë me alga deti dhe zarzavate

PËRBËRËSIT:
VESHJA
- 1 lugë gjelle uthull orizi
- 1 lugë qepe e grirë imët
- 1 lugë gjelle lëng limoni të freskët
- 1 lugë çaji mustardë Dijon
- ¼ lugë çaji mjaltë
- 2 lugë vaj gatimi nga farat e rrushit
- 1 lugë gjelle vaj ulliri ekstra të virgjër
- ½ lugë çaji kripë deti të imët, plus më shumë për shije
- ⅛ lugë çaji piper i zi, plus më shumë për shije

SALLATË
- 8 gota zarzavate sallatë me gjethe, të grira në copa sa një kafshatë
- 1 filxhan leshterik të ngrirë të prerë gati, i shkrirë
- ¾ filxhan karota të prera në feta diagonale
- ½ filxhan rrepka të prera hollë
- ½ filxhan kastravec të prerë në feta diagonale
- ½ filxhan dulse të thata me gjethe të plota
- ½ filxhan myshk i tharë me gjethe të plota, i grirë në copa sa kafshatë
- Kripë Kosher, për shije
- Piper i zi, për shije

UDHËZIME:
a) Rrihni së bashku uthullën, qepën, lëngun e limonit, mustardën dhe mjaltin në një tas të vogël derisa të kombinohen.

b) Gradualisht shtoni vajra në një rrjedhë të hollë dhe të qëndrueshme, duke i trazuar derisa të emulsohen. Rrihni kripë dhe piper.

c) Hidhni së bashku zarzavatet e sallatës, leshterikët, karotat, rrepkat, kastravecin, dulse dhe myshkun e detit në një tas të madh.

d) Spërkateni me salcë dhe hidheni butësisht në shtresë. Sezoni sallatën me kripë dhe piper shtesë për shije. Shërbejeni menjëherë.

69.Sallatë me rrepkë dhe kastravec

PËRBËRËSIT:
- 1 filxhan rrepka të prera në feta
- 1 filxhan kastraveca të prera në feta
- 2 lugë gjelle lëng limoni
- 1 luge vaj ulliri
- 1 lugë çaji mjaltë
- Kripë dhe piper për shije

UDHËZIME:
a) Në një tas, kombinoni rrepkat dhe kastravecat.
b) Në një tas të vogël të veçantë, përzieni lëngun e limonit, vajin e ullirit, mjaltin, kripën dhe piperin.
c) Hidhni salcën mbi përzierjen e rrepkës dhe kastravecit.
d) Hidheni butësisht për t'u kombinuar.
e) Shërbejeni të ftohur.

70.Sallatë me alga deti të Pekinit

PËRBËRËSIT:

- 200 gram alga deti, të njomur për 24 orë
- ¼ Kastraveci i përgjysmuar, i prerë me fara dhe i prerë në feta
- 8 rrepka të kuqe, të prera në feta
- 75 gram rrepkë, e prerë në feta hollë
- 1 kungull i njomë i vogël, i prerë në feta hollë
- 50 gram Fidane bizelesh
- 20 gram xhenxhefil rozë
- Përzgjedhja e sallatave
- Farat e susamit të zi
- 3 lugë lëng lime
- 1 lugë mente, e sapo grirë
- 2 lugë koriandër, të grirë
- 1 Pinches thekon djegës të thata
- 2 lugë salcë soje e lehtë
- 2 lugë sheqer
- 6 lugë vaj vegjetal
- 1 xhenxhefil i vogël me rrënjë, i grirë në rende

UDHËZIME:

a) Përziejini të gjithë përbërësit për salcë dhe lërini për 20 minuta më pas kullojini dhe vendosini në njërën anë.

b) Vendosni algat e detit të njomura me pjesën tjetër të përbërësve të tjerë në një tas.

c) Hidhni sipër salcës së kulluar dhe lëreni të marinohet për një orë. Shtoni gjethet e sallatës në sallatë, rregulloni erëzat dhe shërbejeni.

71.Sallatë me filiz luledielli

PËRBËRËSIT:
SALAD
- 3 rrepka të prera hollë
- 1 ½ filxhan lakër luledielli
- 1 filxhan rukola
- 1 kastravec, i prerë në feta
- 2 karota, të rruara ose të grira d

VESHJA
- 2 lugë gjelle lëng limoni të freskët
- 1 lugë çaji agave
- ½ lugë çaji mustardë Dijon
- ¼ lugë çaji kripë kosher
- ¼ filxhan vaj ulliri

UDHËZIME:
a) Kombinoni të gjithë përbërësit e sallatës në një tas për servirje.
b) Rrihni të gjithë përbërësit e salcës së bashku.
c) Hidhini të gjitha së bashku!

72.Sallatë me asparagus

PËRBËRËSIT:
Sallatë me asparagus
- 1 tufë asparagus
- 5 rrepka, të prera hollë
- 3 qepë të njoma, vetëm majat e gjelbra të prera në feta
- lëkura e limonit nga një limon

VINEGRETTE LIMONI
- ¼ filxhan lëng limoni
- 2 lugë vaj ulliri të lehtë
- 2 lugë çaji sheqer
- kripë dhe piper për shije

GARNISH
- Feta limoni
- Pansies organike të verdhë

UDHËZIME:
a) Filloni të zieni ujin për të avulluar shpargujt.
b) Përgatitni një tas me ujë akull për të tronditur asparagun pasi të jetë gatuar.
c) Ziejini shpargujt në avull për 5 minuta, ose derisa të jenë të buta, por ende të freskëta.
d) Shtrydhni asparagun në ujë me akull dhe më pas pritini në copa 2 inç.

VINEGRETTE LIMONI
e) Bashkoni lëngun e limonit dhe sheqerin dhe lëreni derisa të tretet sheqeri.
f) Shtoni vajin dhe i rregulloni me kripë dhe piper sipas shijes.

Sallatë me asparagus
g) Nëse keni kohë, marinojini shpargujt në salcë për 30 minuta.
h) Shtoni rrepkat dhe qepët dhe hidhini.
i) Dekorojeni me feta limoni dhe pansi të freskëta dhe shërbejeni menjëherë.

73.Sallatë deti me Spirulina

PËRBËRËSIT:
- ¼ filxhan shirita dulse, të njomura në ujë
- 4 ons lakër jeshile për fëmijë
- 1 kastravec turk i prerë në feta
- 1 avokado, të prerë në kubikë ose në feta
- 1-2 qepë të njoma
- 1 filxhan petë leshterik
- 1-2 rrepka shalqini, të prera hollë
- Ahi i tymosur, salmon i tymosur, tofu i pjekur ose i tymosur, edamame

Garniturë:
- Lakër luledielli
- Farat e kërpit ose farat e luledielllit
- Cilantro ose petale lulesh të ngrënshme

VESHJA SPIRULINA:
- ¼ filxhan ujë
- ⅓ filxhan vaj ulliri
- ¼ filxhan fara kërpi
- 3 lugë gjelle uthull molle
- 1 thelpi hudhër
- ¾ lugë çaji kripë
- ¼ lugë çaji piper i çarë
- ½ filxhan cilantro
- 1 lugë çaji spirulinë, më shumë për shije

UDHËZIME:
a) Thithni shiritat dulse në një tas të vogël me ujë, për 15 minuta ose derisa të zbuten.
b) Bëni salcën me Spirulina – shtoni të gjitha, përveç cilantros dhe spirulinës në një blender dhe përziejeni derisa të bëhet kremoze dhe e lëmuar – një minutë të plotë. Shtoni cilantron dhe spirulinën dhe pulsoni derisa të kombinohen mirë dhe të jenë të lëmuara.
c) Shtoni përbërësit e sallatës në një tas - fillimisht zarzavate, pastaj kastravec, avokado, qepë, petë leshterik, rrepka, dulse të kulluara dhe proteina që ju zgjidhni.
d) Hidhni pak nga salca, aq sa të lyhet.
e) Zbukuroni me fara dhe lakër.

74.Sallatë e ftohtë e dashuruar me salmon

PËRBËRËSIT:
- 1 kile Salmon mbret i gatuar ose coho; i thyer në copa
- 1 filxhan Selino të prerë në feta
- ½ filxhan Lakra e grirë trashë
- 1¼ filxhan Majonezë ose salcë sallate; (deri në 1 ½)
- ½ filxhan Shije e ëmbël turshi
- 1 lugë gjelle Rrekë e përgatitur
- 1 lugë gjelle Qepë e grirë imët
- ¼ lugë çaji Kripë
- 1 dash Piper
- Gjethet e marules; gjethe rome, ose endive
- Rrepka të prera në feta
- Feta kopër-turshi
- Rrotulla ose krisur

UDHËZIME:
a) Duke përdorur një tas të madh përzierjeje, hidhni butësisht salmonin, selinon dhe lakrën.
b) Në një enë tjetër, përzieni së bashku salcën e majonezës ose sallatës, shijet e turshive, rrikën, qepën, kripën dhe piperin. Shtoni në përzierjen e salmonit dhe hidheni të lyhet. Mbulojeni sallatën dhe ftoheni deri në kohën e servirjes (deri në 24 orë).
c) Rreshtoni një tas sallate me zarzavate. Hidhni me lugë përzierjen e salmonit. Sipër rrepka dhe turshitë e koprës. Shërbejeni sallatën me role ose krisur.

75.Sallatë me makarona me ton të kopshtit

PËRBËRËSIT:
- 2 filxhanë makarona me bërryl të papjekura
- 1 kanaçe (6 ons) ton i lehtë i mbushur me ujë, i kulluar dhe i lyer
- ⅔ filxhan piper i verdhë i ëmbël i copëtuar
- ⅔ filxhan selino të copëtuar
- ½ filxhan karotë të grirë
- ¼ filxhan rrepka të prera në kubikë
- 2 qepë të njoma, të grira
- 2 lugë majdanoz të freskët të grirë
- ¾ filxhan kamxhik mrekullie
- ½ filxhan salcë sallatë në fermë
- ¼ filxhan djathë parmixhano të grirë
- 1 lugë çaji piper i grirë trashë

UDHËZIME:

a) Gatuani makaronat duke ndjekur udhëzimet e paketimit. Ndërsa gatuhet, përzieni majdanozin, perimet dhe tonin në një tas të madh. Kulloni makaronat dhe më pas shpëlajeni me ujë të ftohtë. Shtoni në përzierjen e tonit.

b) Përzieni piperin, djathin parmixhano, salcën e fermës dhe kamxhikun e mrekullueshëm në një tas të vogël. Hidheni mbi sallatë, duke e hedhur deri sa të lyhet. Mbajeni në frigorifer deri në kohën e servirjes.

76.Sallatë Ube me salcë kokosi

PËRBËRËSIT:
- 3 ube e madhe
- 1/4 kastravec
- 5 qepë të pranverës
- 6 rrepka
- 3 lugë krem kokosi
- 1 lugë gjelle uthull të bardhë
- 2 - 3 lugë kos kokosi ose salcë kosi
- 1/2 lugë kripë
- 1 lugë sheqer ose mjaltë
- piper i bardhë sipas dëshirës

UDHËZIME:
a) Ngrohni furrën në 400 F. Pritini patatet me thumbat e një piruni. Mund t'i vendosni direkt në raftin e furrës ose t'i vendosni në një tepsi.
b) Gatuani patatet për 45 deri në 60 minuta, derisa lëkura e tyre të bëhet krokante dhe ngjitja e njërës me pirun nuk ka rezistencë.
c) I nxjerrim nga furra dhe i leme te ftohen.
d) Lëkura duhet të largohet nga mishi ndërsa patatet ftohen. Ky hap mund të kryhet një deri në 2 ditë përpara.
e) Pritini kastravecin, qepët e pranverës dhe rrepkën në feta. Qëroni patatet dhe i prisni në copa sa kafshatë. Është mirë nëse janë akoma pak të ngrohta.
f) Në një tas të vogël, përzieni së bashku kremin e kokosit, kosin e kokosit ose salcë kosi, uthullën, kripën, piperin dhe sheqerin ose mjaltin. Spërkatini me më shumë kripë për shije.
g) Përziejini të gjithë përbërësit në një tas sallate dhe lëreni sallatën të qëndrojë pak, në mënyrë që patatet të thithin pak nga salca. Kënaquni!

77.Sallatë me rrepkë dhe feta

PËRBËRËSIT:
- 1 tufë rrepka, të prera dhe të prera hollë
- 1/2 filxhan djathë feta të grimcuar
- 2 lugë gjelle kopër të freskët të copëtuar
- 1 lugë gjelle lëng limoni
- 2 luge vaj ulliri
- Kripë dhe piper për shije

UDHËZIME:
a) Në një tas, kombinoni rrepkat, djathin feta të grimcuar dhe koprën e freskët të copëtuar.
b) Në një tas të vogël, përzieni lëngun e limonit, vajin e ullirit, kripën dhe piperin.
c) Hidhni salcën mbi përzierjen e rrepkës dhe hidheni butësisht për t'u kombinuar.
d) Shërbejeni të ftohur.

78.Sallatë me rrepkë dhe misër

PËRBËRËSIT:
- 1 tufë rrepka, të prera dhe të prera hollë
- 1 filxhan kokrra misri të gatuar
- 1/4 filxhan cilantro të freskët të copëtuar
- Lëng nga 1 lime
- 2 luge vaj ulliri
- Kripë dhe piper për shije

UDHËZIME:
a) Në një tas, kombinoni rrepkat, kokrrat e misrit dhe cilantro të copëtuar.
b) Në një tas të vogël, përzieni lëngun e limonit, vajin e ullirit, kripën dhe piperin.
c) Hidhni salcën mbi përzierjen e rrepkës dhe hidheni butësisht për t'u kombinuar.
d) Shërbejeni të ftohur.

79. Sallatë me rrepkë dhe qiqra

PËRBËRËSIT:
- 1 tufë rrepka, të prera dhe të prera hollë
- 1 filxhan qiqra të gatuara
- 1/4 filxhan qepë të kuqe të copëtuar
- 2 lugë majdanoz të freskët të grirë
- Lëng nga 1 limon
- 2 luge vaj ulliri
- Kripë dhe piper për shije

UDHËZIME:
a) Në një tas, kombinoni rrepkat, qiqrat, qepën e kuqe të copëtuar dhe majdanozin e freskët të grirë.
b) Në një tas të vogël, përzieni lëngun e limonit, vajin e ullirit, kripën dhe piperin.
c) Hidhni salcën mbi përzierjen e rrepkës dhe hidheni butësisht për t'u kombinuar.
d) Shërbejeni të ftohur.

80. Sallatë me rrepkë të pjekur, portokall dhe fasule të bardha

PËRBËRËSIT:
- 1 tufë rrepka, të prera dhe të përgjysmuara
- 2 luge vaj ulliri
- Kripë dhe piper për shije
- 2 portokall të mëdhenj, të qëruar dhe të segmentuar
- 1 kanaçe (15 ons) fasule të bardha, të kulluara dhe të shpëlarë
- 1/4 qepë e kuqe, e prerë hollë
- 1/4 filxhan majdanoz të freskët të grirë
- Lëng nga 1 limon
- 2 lugë vaj ulliri ekstra të virgjër
- 1 lugë çaji mjaltë (opsionale)

UDHËZIME:
a) Ngrohni furrën tuaj në 425°F (220°C). Vendosni gjysmat e rrepkës në një fletë pjekjeje dhe spërkatini me vaj ulliri. I rregullojmë me kripë dhe piper, më pas i hedhim që të lyhen në mënyrë të barabartë rrepkat.

b) Piqini rrepkat në furrën e nxehur më parë për rreth 15-20 minuta ose derisa të zbuten dhe të karamelizohen pak. I heqim nga furra dhe i leme te ftohen.

c) Në një tas të madh sallate, kombinoni rrepkat e pjekura, pjesët e portokallit, fasulet e bardha, qepën e kuqe dhe majdanozin e grirë.

d) Në një tas të vogël, përzieni lëngun e limonit, vajin e ullirit ekstra të virgjër, mjaltin (nëse përdorni), kripën dhe piperin. Hidhni dressing-un mbi sallatë dhe hidheni butësisht për t'u kombinuar.

e) Shijoni sallatën dhe rregulloni erëzat nëse është e nevojshme. Ju mund të shtoni më shumë lëng limoni, vaj ulliri ose kripë dhe piper sipas preferencës tuaj.

f) Lëreni sallatën të qëndrojë për rreth 10-15 minuta në mënyrë që shijet të bashkohen.

g) Shërbejeni sallatën e pjekur të rrepkës, portokallit dhe fasules së bardhë në temperaturën e dhomës ose të ftohur.

81.Sallatë me rrepkë dhe kuinoa

PËRBËRËSIT:
- 1 tufë rrepka, të prera dhe të prera hollë
- 1 filxhan quinoa të gatuar
- 1/4 filxhan djathë feta të grimcuar
- 2 lugë borzilok të freskët të grirë
- Lëng nga 1 limon
- 2 luge vaj ulliri
- Kripë dhe piper për shije

UDHËZIME:
a) Në një tas, kombinoni rrepkat, quinoan e gatuar, djathin feta të grimcuar dhe borzilokun e freskët të copëtuar.
b) Në një tas të vogël, përzieni lëngun e limonit, vajin e ullirit, kripën dhe piperin.
c) Hidhni salcën mbi përzierjen e rrepkës dhe hidheni butësisht për t'u kombinuar.
d) Shërbejeni të ftohur.

ANËT

2.Rrepka të pjekura

PËRBËRËSIT:
- 1 tufë rrepka, të prera dhe të përgjysmuara
- 1 luge vaj ulliri
- Kripë dhe piper për shije
- Barishte të freskëta (të tilla si trumzë ose majdanoz) për zbukurim

UDHËZIME:
a) Ngrohni furrën në 425°F (220°C).
b) Hidhni rrepkat me vaj ulliri, kripë dhe piper në një tas derisa të mbulohen mirë.
c) Përhapeni rrepkat në një fletë pjekjeje në një shtresë të vetme.
d) Piqini në furrë për 15-20 minuta derisa rrepkat të jenë të buta dhe të karamelizohen pak.
e) Dekoroni me barishte të freskëta përpara se ta shërbeni.

3.Slaw lakër rrepkë

PËRBËRËSIT:
- 1 tufë rrepka, të prera dhe të prera hollë
- 1/2 lakër e kuqe e vogël, e prerë në feta hollë
- 1 karotë, e grirë në rende
- 1/4 filxhan majonezë
- 1 lugë gjelle uthull molle
- 1 lugë çaji mjaltë
- Kripë dhe piper për shije

UDHËZIME:
a) Në një tas të madh, kombinoni rrepkat, lakrën e kuqe dhe karotën.
b) Në një tas të vogël, përzieni majonezën, uthullën e mollës, mjaltin, kripën dhe piperin.
c) Hidhni salcën mbi perime dhe hidhini derisa të mbulohen mirë.
d) Lëreni në frigorifer për të paktën 30 minuta përpara se ta shërbeni.

4.Rrepka të pjekura me mjaltë

PËRBËRËSIT:
- 1 tufë rrepka, të prera dhe të përgjysmuara
- 2 luge vaj ulliri
- 2 lugë mjaltë
- 1 lugë çaji mustardë Dijon
- Kripë dhe piper për shije
- Gjethet e freskëta të trumzës, për zbukurim (opsionale)

UDHËZIME:
a) Ngrohni furrën në 425°F (220°C).
b) Në një enë përzieni vajin e ullirit, mjaltin, mustardën Dijon, kripën dhe piperin.
c) Hidhini rrepkat në përzierjen e mjaltit derisa të mbulohen në mënyrë të barabartë.
d) Vendosini rrepkat në një tepsi të veshur me letër furre.
e) Piqini në furrë për 15-20 minuta, ose derisa rrepkat të jenë të buta dhe të karamelizuara.
f) E heqim nga furra dhe e zbukurojmë sipas dëshirës me gjethe trumze të freskëta.
g) Shërbejeni si një pjatë anësore të ëmbël dhe të shijshme.
h) Shijoni këto pjata anësore të shijshme me rrepkë! Ata mund të jenë një gre

5.Rrepka turshi

PËRBËRËSIT:
- 1 tufë rrepka, të prera dhe të prera hollë
- 1 filxhan uthull të bardhë
- 1/2 filxhan ujë
- 1/4 filxhan sheqer
- 1 lugë gjelle kripë
- 1 lugë çaji piper i zi i plotë
- 1 lugë çaji fara mustarde
- 1 lugë çaji fara kopër

UDHËZIME:
a) Në një tenxhere bashkoni uthullën, ujin, sheqerin, kripën, kokrrat e piperit të zi, farat e mustardës dhe farat e koprës.
b) Masën e lëmë të vlojë dhe e përziejmë derisa të tretet sheqeri dhe kripa.
c) Vendosni rrepkat e prera në një kavanoz të sterilizuar.
d) Hidhni lëngun e nxehtë turshi mbi rrepka, duke u siguruar që ato të jenë zhytur plotësisht.
e) Lërini rrepkat turshi të ftohen në temperaturën e dhomës, më pas mbulojini dhe vendosini në frigorifer për të paktën 24 orë përpara se t'i shërbeni.

6.Rrepka me hudhër

PËRBËRËSIT:
- 1 tufë rrepka, të prera dhe të përgjysmuara
- 2 luge vaj ulliri
- 4 thelpinj hudhre, te grira
- Kripë dhe piper për shije
- Majdanoz i freskët, i copëtuar, për zbukurim (sipas dëshirës)

UDHËZIME:
a) Ngrohni furrën në 400°F (200°C).
b) Në një enë hidhni rrepkat me vaj ulliri, hudhra të grira, kripë dhe piper derisa të lyhen mirë.
c) Vendosini rrepkat në një tepsi të veshur me letër furre.
d) Piqini në furrë për 15-20 minuta, ose derisa rrepkat të jenë të buta dhe të arta.
e) E heqim nga furra dhe e zbukurojmë me majdanoz të freskët sipas dëshirës.
f) Shërbejeni si një pjatë anësore me shije dhe aromatike.

7.Rrepkë dhe Slaw mollë

PËRBËRËSIT:
- 1 tufë rrepka, të prera dhe të prera hollë
- 1 mollë, e prerë hollë
- 1/4 filxhan arra të copëtuara
- 2 lugë majdanoz të freskët të grirë
- Lëng nga 1 limon
- 2 lugë kos grek
- Kripë dhe piper për shije

UDHËZIME:
a) Në një tas, kombinoni rrepkat, fetat e mollës, arrat e grira dhe majdanozin e freskët të grirë.
b) Në një tas të vogël, përzieni lëngun e limonit, kosin grek, kripën dhe piperin.
c) Hidhni salcën mbi përzierjen e rrepkës dhe hidheni butësisht për t'u kombinuar.
d) Shërbejeni të ftohur.

8.Miso rrepka me xham

PËRBËRËSIT:
- 1 tufë rrepka, të prera dhe të përgjysmuara
- 2 lugë pastë miso
- 1 lugë gjelle salcë soje
- 1 lugë gjelle shurup panje ose mjaltë
- 1 lugë gjelle vaj vegjetal
- Farat e susamit për zbukurim (opsionale)
- Qepë të njoma, të copëtuara, për zbukurim (opsionale)

UDHËZIME:
a) Ngrohni furrën në 400°F (200°C).
b) Në një tas, rrihni së bashku pastën miso, salcën e sojës, shurupin e panjës dhe vajin vegjetal derisa të kombinohen mirë.
c) Hidhini rrepkat në glazurën miso derisa të mbulohen në mënyrë të barabartë.
d) Vendosini rrepkat në një tepsi të veshur me letër furre.
e) Piqini në furrë për 15-20 minuta, ose derisa rrepkat të jenë të buta dhe të karamelizuara pak.
f) Hiqeni nga furra dhe sipas dëshirës spërkateni me farat e susamit dhe qepët e njoma.
g) Shërbejeni si një pjatë anësore të shijshme dhe të shijshme.

.Rrepkë Kimchi

PËRBËRËSIT:

- 2 kilogramë rrepkë koreane (mu), të qëruara dhe të prera në kube 1 inç
- 2 lugë gjelle kripë deti të trashë
- 2 thelpinj hudhre, te grira
- 1 lugë çaji xhenxhefil, i grirë
- 2 lugë gjelle thekon spec të kuq korean (gochugaru)
- 1 lugë gjelle salcë peshku (opsionale, për aromë umami)
- 1 lugë gjelle salcë soje (opsionale, për thellësi të shtuar të shijes)
- 1 luge sheqer
- 4 qepë të njoma, të grira
- 1 karotë e vogël, e grirë (sipas dëshirës)

UDHËZIME:

a) Vendosni kubet e rrepkës në një tas të madh përzierjeje. Spërkatni kripën mbi rrepka dhe hidhini të mbulohen në mënyrë të barabartë. Lërini të qëndrojnë për rreth 30 minuta për të çliruar lagështinë e tyre.

b) Shpëlajini kubet e rrepkës nën ujë të ftohtë për të hequr kripën e tepërt. Kullojini mirë dhe transferojini në një tas të pastër dhe të thatë.

c) Në një tas të veçantë, kombinoni hudhrën e grirë, xhenxhefilin e grirë, thekonet e specit të kuq korean, salcën e peshkut (nëse përdorni), salcën e sojës (nëse përdorni) dhe sheqerin. Përziejini mirë për të formuar një përzierje si pastë.

d) Shtoni pastën në kube të rrepkës dhe hidheni që të lyhen në mënyrë të barabartë rrepkat me erëza. Shtoni qepët e njoma dhe karotën (nëse përdorni) dhe përzieni gjithçka.

e) Paketoni përzierjen e rrepkës së kalitur fort në një kavanoz qelqi të pastër, duke shtypur poshtë për të hequr çdo xhep ajri. Lini rreth një centimetër hapësirë në krye.

f) Mbulojeni kavanozin me kapak, por mos e mbyllni fort për të lejuar që gazi të dalë gjatë fermentimit. Vendoseni kavanozin në një vend të freskët dhe të errët, si një dollap apo qilar, dhe lëreni të fermentohet për 2 deri në 5 ditë. Kontrolloni kimçin çdo ditë dhe shtypni me një lugë të pastër për të mbajtur rrepkat të zhytura në lëngun që do të formohet.

g) Shijoni kimçin pas 2 ditësh për të kontrolluar nivelin e dëshiruar të fermentimit. Nëse ka aromën e mprehtë dhe pak të thartë që preferoni, transferojeni kavanozin në frigorifer për të ngadalësuar procesin e fermentimit. Përndryshe, vazhdoni fermentimin edhe për disa ditë derisa të arrini shijen e dëshiruar.
h) Kimçi me rrepkë mund të shijohet menjëherë, por do të vazhdojë të zhvillojë aromën ndërsa fermentohet në frigorifer. Mund të ruhet në frigorifer për disa javë.

PIJE

Smoothie me bizele dhe rrepkë

PËRBËRËSIT:
- ¼ filxhan mikrogjelbërime nga sipër panxharit
- ½ filxhan bizele
- ⅛ filxhan rigon
- ¼ filxhan mikrogjelbërime rrepkë
- 1 banane e ngrirë
- ½ mango, në kubikë
- 6 gota lëng portokalli
- 1 filxhan kos të thjeshtë
- Shiringë me mjaltë

UDHËZIME:
a) Kombinoje në një blender
b) Merre atë, ftohtë!

1.Limonadë me rrepkë

PËRBËRËSIT:
- 1 filxhan rrepka, të prera dhe të prera
- 4 gota ujë
- 1/2 filxhan lëng limoni të saposhtrydhur
- 1/4 filxhan mjaltë ose ëmbëlsues sipas dëshirës
- Kube akulli
- Gjethet e freskëta të nenexhikut për zbukurim

UDHËZIME:
a) Në një blender, kombinoni rrepkat dhe ujin. Përziejini derisa të jetë e qetë.
b) Kullojeni përzierjen përmes një sitë rrjetë të imët në një enë.
c) Shtoni lëngun e limonit dhe mjaltin në tenxhere dhe përzieni derisa të bashkohen mirë.
d) Shërbejeni mbi kube akulli dhe zbukurojeni me gjethe nenexhiku të freskët.

2. Spicy Radish Bloody Mary

PËRBËRËSIT:
- 4 rrepka, të prera dhe të prera në feta
- 2 gota lëng domate
- 2 lugë gjelle lëng limoni të saposhtrydhur
- 1 lugë gjelle salcë Worcestershire
- 1 lugë çaji salcë e nxehtë
- Kripë dhe piper për shije
- Kërcell selino dhe feta rrepkë për zbukurim

UDHËZIME:

Në një blender, kombinoni rrepka, lëng domate, lëng limoni, salcë Worcestershire, salcë djegëse, kripë dhe piper. Përziejini derisa të jetë e qetë.

Mbushni gotat me kube akulli dhe derdhni përzierjen pikante të rrepkës mbi akull.

Dekoroni me bishtat selino dhe feta rrepkë.

Shërbejeni të ftohur si një Bloody Mary freskuese dhe pikante.

3.Mojito me nenexhik me rrepkë

PËRBËRËSIT:
- 4 rrepka, të prera dhe të prera në feta
- 10 gjethe nenexhiku të freskët
- 2 lugë gjelle lëng limoni të freskët të shtrydhur
- 2 lugë shurup të thjeshtë
- Sode klubi
- Kube akulli
- Copa gëlqereje dhe feta rrepkë për zbukurim

UDHËZIME:
a) Në një gotë, përzieni rrepkat, gjethet e nenexhikut, lëngun e limonit dhe shurupin e thjeshtë së bashku.
b) Mbushni gotën me kube akulli dhe sipër me sodë drithi.
c) Përziejini butësisht që të bashkohen.
d) Dekoroni me copa gëlqereje dhe feta rrepkë.
e) Shërbejeni të ftohur si një Mojito freskuese dhe me nenexhik.

4.Smoothie detox xhinxheri me rrepkë

PËRBËRËSIT:
- 1 filxhan rrepka, të prera dhe të prera
- 1 inç xhenxhefil i freskët, i qëruar dhe i grirë
- 1 filxhan copa ananasi
- 1 filxhan ujë kokosi
- 1 lugë gjelle mjaltë ose ëmbëlsues sipas dëshirës
- Kube akulli

UDHËZIME:
a) Në një blender, kombinoni rrepkat, xhenxhefilin, copat e ananasit, ujin e kokosit, mjaltin dhe kube akulli.
b) Përziejini derisa të jenë të lëmuara dhe kremoze.
c) Hidheni në një gotë dhe shërbejeni menjëherë si një smoothie freskues dhe detoksifikues.

5.Smoothie me rrepkë dhe kokrra të kuqe

PËRBËRËSIT:

- 1 filxhan rrepka, të prera dhe të prera
- 1 filxhan manaferra të përziera (të tilla si luleshtrydhe, boronica dhe mjedra)
- 1 filxhan qumësht bajame ose ndonjë qumësht që dëshironi
- 1 lugë gjelle mjaltë ose ëmbëlsues sipas dëshirës
- Kube akulli

UDHËZIME:

a) Në një blender, kombinoni rrepkat, manaferrat e përziera, qumështin e bajames, mjaltin dhe kubat e akullit.
b) Përziejini derisa të jenë të lëmuara dhe kremoze.
c) Hidheni në një gotë dhe shërbejeni menjëherë si një smoothie i gjallë dhe i pasur me antioksidantë.

5.Ftohës për kastravec për rrepkë

PËRBËRËSIT:
- 2 rrepka, të prera dhe të prera në feta
- 1/2 kastravec i qëruar dhe i prerë
- Lëng nga 1 lime
- 1 lugë shurup agave ose ëmbëlsues sipas dëshirës
- Sode klubi
- Kube akulli
- Feta kastraveci dhe feta rrepkë për zbukurim

UDHËZIME:
a) Në një blender, kombinoni rrepkat, kastravecin, lëngun e limonit dhe shurupin agave. Përziejini derisa të jetë e qetë.
b) Mbushni gotat me kube akulli dhe derdhni përzierjen e kastravecit me rrepkë mbi akull.
c) Hidhni sipër sodën dhe përzieni butësisht që të kombinohen.
d) Dekoroni me feta kastraveci dhe feta rrepkë.
e) Shërbejeni të ftohur si një ftohës freskues dhe hidratues.

7.Mocktail portokalli rrepkë

PËRBËRËSIT:

- 4 rrepka, të prera dhe të prera në feta
- Lëng nga 2 portokall
- 1 lugë gjelle mjaltë ose ëmbëlsues sipas dëshirës
- Ujë me gaz ose sode
- Kube akulli
- Feta portokalli dhe feta rrepkë për zbukurim

UDHËZIME:

a) Në një blender, kombinoni rrepkat, lëngun e portokallit dhe mjaltin. Përziejini derisa të jetë e qetë.
b) Mbushni gotat me kube akulli dhe derdhni përzierjen e portokallit me rrepkë mbi akull.
c) Hidhni sipër me ujë të gazuar ose sodë dhe përzieni butësisht për t'u bashkuar.
d) Dekoroni me feta portokalli dhe feta rrepkë.
e) Shërbejeni të ftohur si një mocktail plot gjallëri dhe agrume.

3.Rrepkë Pineapple Punch

PËRBËRËSIT:

- 2 rrepka, të prera dhe të prera në feta
- 1 filxhan lëng ananasi
- 1/2 filxhan lëng portokalli
- 1/4 filxhan lëng boronicë
- 1 lugë gjelle lëng limoni të saposhtrydhur
- Kube akulli
- Pika ananasi dhe feta rrepkë për zbukurim

UDHËZIME:

a) Në një blender, kombinoni rrepkat, lëngun e ananasit, lëngun e portokallit, lëngun e boronicës së kuqe dhe lëngun e limonit. Përziejini derisa të jetë e qetë.
b) Mbushni gotat me kube akulli dhe hidhni përzierjen e ananasit me rrepkë mbi akull.
c) Zbukuroni me copa ananasi dhe feta rrepkë.
d) Shërbejeni të ftohur si një grusht frutash dhe tropikale.

9.Rrepkë Grejpfrut Spritzer

PËRBËRËSIT:
- 2 rrepka, të prera dhe të prera në feta
- Lëng nga 1 grejpfrut
- 1 lugë gjelle mjaltë ose ëmbëlsues sipas dëshirës
- Ujë me gaz ose sode
- Kube akulli
- Feta grejpfrut dhe feta rrepkë për zbukurim

UDHËZIME:
a) Në një blender, kombinoni rrepkat, lëngun e grejpfrutit dhe mjaltin. Përziejini derisa të jetë e qetë.
b) Mbushni gotat me kube akulli dhe derdhni përzierjen e grejpfrutit me rrepkë mbi akull.
c) Hidhni sipër me ujë të gazuar ose sodë dhe përzieni butësisht për t'u bashkuar.
d) Dekoroni me feta grejpfruti dhe feta rrepkë.
e) Shërbejeni të ftohur si një spërkatës i shijshëm dhe plot zjarr.

0.Rrepkë Mocktail Sunrise

PËRBËRËSIT:

- 4 rrepka, të prera dhe të prera në feta
- 1 filxhan lëng portokalli
- 1/2 filxhan lëng ananasi
- Shurup grenadine
- Kube akulli
- Feta portokalli dhe feta rrepkë për zbukurim

UDHËZIME:

a) Në një blender, kombinoni rrepkat, lëngun e portokallit dhe lëngun e ananasit. Përziejini derisa të jetë e qetë.
b) Mbushni gotat me kube akulli dhe derdhni përzierjen e lëngut të rrepkës mbi akull.
c) Hidhni ngadalë një sasi të vogël shurupi grenadine në anën e çdo gote, duke e lejuar atë të zhytet në fund.
d) Dekoroni me feta portokalli dhe feta rrepkë.
e) Shërbejeni të ftohur si një mocktail plot gjallëri dhe fruta me një efekt të lindjes së diellit.

PËRFUNDIM

Ndërsa përfundojmë këtë udhëtim kulinar, shpresojmë që "Radhishi Delights: Exploring the Versatility of a Vibrant Veggie" ju ka frymëzuar të përqafoni shijet unike dhe shkathtësinë e rrepkës në kuzhinën tuaj. Këto perime të thjeshta me rrënjë kanë kaq shumë për të ofruar, dhe ne ju inkurajojmë të vazhdoni të eksploroni potencialin e tyre dhe t'i përfshini ato në vaktet tuaja.

Nga përtypja e tyre freskuese në sallata te transformimet e tyre të lezetshme në pjatat e gatuara dhe madje edhe ëmbëlsirat, rrepkat kanë fuqinë të befasojnë dhe të kënaqin. Me recetat dhe teknikat e ndara në këtë libër gatimi, shpresojmë që të keni fituar besimin dhe kreativitetin për t'i bërë rrepkat një element kryesor në repertorin tuaj të kuzhinës.

Pra, ndërsa filloni aventurat tuaja me rrepkë, lëreni "Radish Delights" të jetë shoqëruesi juaj i besuar, duke ju ofruar receta të shijshme, këshilla të dobishme dhe një ndjenjë frymëzimi. Përqafoni shijet dhe teksturat e gjalla të rrepkave dhe lërini të sjellin një shpërthim freskie dhe emocioni në pjatat tuaja.

Le të mbushet kuzhina juaj me ngjyrat e bukura dhe shijet e guximshme të rrepkave ndërsa eksploroni shkathtësinë e tyre dhe krijoni ushqime të paharrueshme. Gatim i lumtur, dhe kënaqësitë tuaja me rrepkë mund të sjellin gëzim dhe shije në tryezën tuaj!

www.ingramcontent.com/pod-product-compliance
Lightning Source LLC
Chambersburg PA
CBHW050157130526
44591CB00034B/1300